U0055422

# 特別致謝：

群聯電子（Phison Electronics）潘健成董事長
益華電腦（Cadence Design Systems）
台灣交通大學校友總會贊助本書出版。

感謝指引、支持我們的貴人

宏津數位 典藏津津有味的產業故事

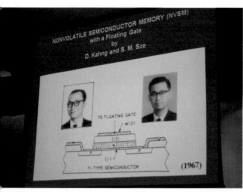

# 照片的故事

## 求學與成家

**1958年**

年輕帥氣的空軍少尉，第六期
預備軍官。這張照片送給了女
朋友王令儀。她是北一女中畢
業，保送台灣大學，當時就讀
化學系三年級。

**1959年3月**

出國深造，父母到松山機場為
施敏送行。

**1960年**

施敏在華盛頓大學實驗室，第一次接觸半導體。

新婚。施敏順利通過博士
資格口試。迎娶學妹王令
儀。當時她已獲得柏克萊
加州大學化學碩士學位。

1963年3月

完成了人生三大要事：
結婚、生子、得學位

**１９６８年**

施敏與子女的「腳
踏車照」，兒子施
迪凡這年６歲，女
兒施怡凡１歲。（攝
於交大九龍宿舍）

**１９７８年**

１０年後第二張腳踏車合
照，兒子這年１６歲，女
兒１１歲。

**１９８８年**

２０年後第三張腳踏車照，兒
子這年２６歲，女兒２１歲。

施敏很疼愛他的一對兒女，他與兒女的腳踏車
合照，自 1968 年起，每 10 年照一張，都是
由施敏的太太，王令儀所拍攝。

兒子現在是一名放射科主任醫生。女兒是
Wells Fargo 銀行的副總經理。施敏表示，希
望未來數年，大家身體健康，於２０１８年再
合拍第六張「腳踏車照」。屆時將由孫女來拍
照（那時她們已２２歲）。而過去幾十年，每
次負責拍照的老伴也參加合照。屆時施迪凡
５６歲，施怡凡５１歲。

# 與兒女的腳踏車照

## 1998年

３０年後第四張腳踏車
照，這一年，兒子３６歲，
女兒３１歲。

## 2008年

４０年後第五張腳踏車照。這年兒子４６
歲，女兒４１歲。

# 家庭合照

1963年

施敏夫人王令儀，帶著兒子，回台灣省親。這是爺爺、奶奶、外公、外婆第一次見到寶貝孫子施迪凡。前排左起是母親齊祖詮女士、施迪凡、岳母張玉然女士，後排左起是父親施家福先生、王令儀、岳父王鐵漢先生。

1996年

施敏的兒子生了雙胞胎女娃，施慧文及施嘉文，施敏伉儷開心當爺爺奶奶了。

## 2 0 0 0 年

家族大團圓，這一年施敏的母親齊祖詮女士９０歲，兩個雙胞胎曾孫女，身穿大紅色中國服裝，模樣可愛。前排左起為施慧文、母親齊祖詮女士、施嘉文、舅舅齊志學先生。第二排左起是媳婦顧凱南、施太太、弟弟施存，第三排是施迪凡及施敏。

## 2 0 1 0 年

施敏伉儷與兒孫全家福（NEW JERSEY），第一排左起為施嘉文、施孝文、施敬文、施慧文。第二排左起為施迪凡、施怡凡、施太太、施敏及媳婦顧凱南。

# 「半導體元件物理學」

施敏之著作，包括教科書、參考書、專文書籍近 40 本，其中「半導體元件物理學」（Physics of Semiconductor Devices）為此領域的經典之作，被翻譯成六國語言，被引用超過二萬四千次，銷售量超過 150 萬冊。此書在過去 40 多年來，被全球數以千計大學採用為教科書，對培育半導體科技工程人才貢獻卓著。

## 1969年

施敏花了近三千小時完成的著作「半導體元件物理學」（Physics of Semiconductor Devices ），由 Wiley 出版。截至目前為止，此書及新的版本仍是在工程與應用科學領域被引用最多之文獻（24,000 次，ISI Press）。

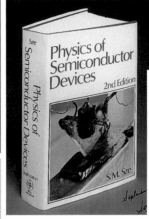

## 1981年

「半導體元件物理學」（Physics of Semiconductor Devices ）第二版上市發行。

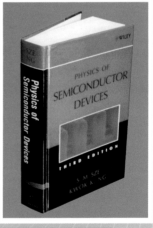

## 2007年

Physics of Semiconductor Devices「半導體元件物理學」第三版發行。此版與前貝爾實驗室同事伍國珏博士合著。

**1988年**

施敏的著作被翻譯成多國語言，疊起來比女兒還高。這張照片，後來成了交大為施敏舉行特展時的宣傳海報，十分引人注目。

# 學術獎和三院院士

由於半導體元件方面之研究成果，施敏獲得不少學術獎，並當選中央研究院院士、美國國家工程院院士及中國工程院外籍院士。

**1 9 9 1 年**

施敏獲電機電子工程師學會（IEEE）J. J. Ebers 獎（Jewell James Ebers Awards），這是電子元件學會（IEEE Electron Device Society）的最高技術獎章。

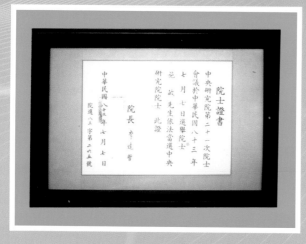

**1 9 9 4 年**

施敏當選中央研究院院士。

1995年

施敏當選美國國家工程院院士

1998年

施敏當選中國工程院外籍院士

# 「電子資訊研究大樓」

此二棟大樓是施敏在擔任交大「電子資訊研究中心」主任及國科會「國家奈米元件實驗室」主任時所負責建造。主要為培養半導體科技方面之人才及從事半導體元件之研究。

### 1996年

電子資訊研究大樓」啟用，敦請李國鼎資政剪綵。第一排左起：史欽泰、張俊彥、李國鼎資政、施敏。

### 1996年

「電子資訊研究大樓」，1993年9月開工，1996年3月竣工。，興建期為二年半。樓板面積為六千四百坪。

# 「奈米電子研究大樓」

**2002年**

施敏探訪孫運璿資政。由於孫資政與施敏父親是經濟部同事，因此一直尊稱他為孫伯伯。

**2004年**

「奈米電子研究大樓」，2002年8月開工，2004年2月竣工，興建期為一年半，啟用時敦請孫運璿資政剪綵。樓板面積為一萬一千坪。

# 浮閘記憶體之發明與應用

施敏於 1967 年在貝爾實驗室與姜大元博士發明此記憶體，所有嶄新的或可攜帶式之電子產品都需要此記憶體才得以研發出來 — 包括手機、電腦、數位相機、數位電視、智慧型 IC 卡、USB 隨身碟，及全球定位系統。此記憶體開創了「數位時代」，也為人類帶來前所未有的福祉。

**A Floating Gate and Its Application to Memory Devices**

By D. KAHNG and S. M. SZE

(Manuscript received May 16, 1967)

A structure has been proposed and fabricated in which semi-permanent charge storage is possible. A floating gate is placed a small distance from an electron source. When an appropriately high field is applied through an outer gate, the floating gate charges up. The charges are stored even after the removal of the charging field due to much lower back transport probability. Stored-charge density of the order of $10^{13}/\text{cm}^2$ has been achieved and detected by a structure similar to an metal-insulator-semiconductor (MIS) field effect transistor. Such a device functions as a bistable memory with nondestructive read-out features. The memory holding time observed was longer than one hour. These preliminary results are in fair agreement with a simple analysis.

It has been recognized for some time that a field-effect device, such as that described by Shockley and Pearson,[1] can be made bistable utilizing switchable permanent displacement charges on ferroelectric material.[2] Subsequent studies of ferroelectric material have revealed,[3] however, that the inherent speed capability of a device incorporating a ferroelectric material is limited by domain motion, whose highest speed is limited by the acoustic velocity. In the absence of highly ordered, near-ideal thin film ferroelectric material, the speed capability of a bistable device, therefore, is in the microsecond range at best.[4] In addition, many ferroelectric materials suffer from irreversible mechanical disorder after many cycles of polarization switching,[5] rendering some uncertainty on the long term device reliability aspect.

An alternative to a ferroelectric gate is a floating gate chargeable by field emission, which hopefully circumvents the above mentioned difficulties. Consider a sandwich structure, metal $M(1)$, insulator $I(1)$, metal $M(2)$, insulator $I(2)$, and finally metal $M(3)$. (See Fig. 1.) If the thickness of $I(1)$ is small enough so that a field-controlled electron transport mechanism such as tunneling or internal tunnel-hopping are possible, a positive bias on $M(3)$ with respect to $M(1)$, $M(2)$ floating [$M(2)$ is called the floating gate henceforth], would cause electron accumulation in the floating gate, provided electron transport

1288

• Bell System Tech. J. **46**, 1288 (1967)

THE BELL SYSTEM

RECEIVED
AUG 24 1967

PRESIDENT'S OFFICE

## Technical Journal

DEVOTED TO THE SCIENTIFIC AND ENGINEERING

EFFECTS OF ELECTRICAL COMMUNICATION

VOLUME XLVI JULY–AUGUST 1967 NUMBER 6

The Si-SiO₂ Interface—Electrical Properties as Determined by the Metal-Insulator-Silicon Conductance Technique
E. H. NICOLLIAN AND A. GOETZBERGER 1055

The Nonlinearity of the Reverse Current-Voltage Characteristics of a p-n Junction Near Avalanche Breakdown
S. M. SEE AND R. M. RYDER 1135

Subjective Evaluation of Transmission Delay in Telephone Conversations
R. C. KLEMMER 1141

The Effect of Intersymbol Interference on Error Rate in Binary Differentially-Coherent Phase-Shift-Keyed Signals
W. M. HUBBARD 1149

Experimental Verification of the Error-Rate Performance of Two Types of Regenerative Repeaters for Differentially Coherent Phase-Shift-Keyed Signals
W. M. HUBBARD AND O. D. MANDEVILLE 1173

The Suppression of Monovularly Perceivable Symmetry During Binocular Fusion
D. JULESZ 1203

Large-Signal Calculations for the Overdriven Varactor Upper-Sideband Upconverter Operating at Maximum Power Output
J. W. GEWARTOWSKI AND R. E. MINETTI 1233

Two Theorems on the Accuracy of Numerical Solutions of Systems of Ordinary Differential Equations
E. W. SANDBERG 1243

Design Considerations for a Semipermanent Optical Memory
J. M. SMITS AND L. E. GALLAHER 1267

Contributors to This Issue 1279

B.S.T.J. Briefs: Estimation of the Variance of a Stationary Gaussian Random Process by Periodic Sampling, J. C. DALE;
A Floating Gate and Its Application to Memory Devices, D. KAHNG AND S. M. SZE; Semipermanent Memory Using Capacitor Charge Storage and IGFET Read-out, D. KAHNG 1283

## 1 9 6 7 年 5 月 1 6 日

施敏與姜大元之「非揮發性半導體記憶體」文章投稿 Bell System Technical Journal.

## 1 9 6 7 年 7 月

論文發表在 Bell System Technical Journal 1967 年 7 月期刊上。此文為發現「非揮發性半導體記憶體效應」之首篇文獻，也是提出「浮閘記憶體」基本結構之首篇論文。

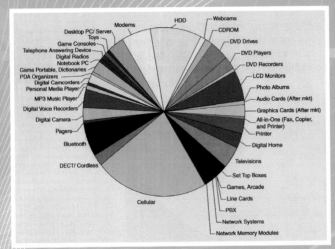

2010年

電子產品中,各種不同的「浮閘記憶體」之應用,是依據市場佔有率區分。(資料來源:Web-Feet Research.)

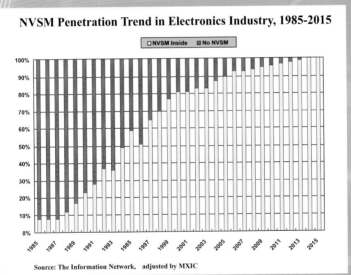

**NVSM Penetration Trend in Electronics Industry, 1985-2015**

□ NVSM Inside ▨ No NVSM

Source: The Information Network, adjusted by MXIC

2011年

從1985年到2011年,預測至2015年,「浮閘記憶體」在電子產品中之普及率。預期2013年後可達到100%,亦即每一台電子產品內均有裝設「浮閘記憶體」。(資料來源:The Information Network)

# 「國際非揮發記憶體研討會」

為慶祝「浮閘記憶體」發明45週年，交通大學於2012年3月26日舉辦此研討會，並邀請多位世界級大師出席，有1000人參加研討會。

2 0 1 2 年 3 月

交通大學四位歷任校長，出席「浮閘記憶體」發明45周年研討會。會後與發明人施敏合照。左起交大前校長張俊彥、交大校長吳妍華、交大前校長鄧啟福、交大終身講座教授施敏，及交大前校長吳重雨。

2 0 1 2 年 3 月

「浮閘記憶體」發明45周年，改變了人類生活。交通大學舉辦盛大研討會，並邀請七位國際級大師出席盛會。左起：南韓建國大學 (Konkuk University) 講座教授 H. Ishiwara、交大國家講座教授施敏、美國維吉尼亞大學 (Virginia University) Stuart A. Wolf 教授、德國亞亨大學 (RWTH Aachen University) Rainer Waser 教授、美國芯盈 (Xinnova) 科技顧問 Stefan K. Lai 博士、美國史丹福大學 (Stanford University) Philip Wong 教授，以及旺宏電子總經理盧志遠博士（未參加攝影）。

宏津數位 Wa-People
產業人物

# 施敏與數位時代的故事

他的著作，培育了「半導體人才」
他的發明，開創了「數位時代」

王麗娟 著

# 目錄
## Contents

**推薦序**

| | | |
|---|---|---|
| 嚴謹簡樸的世界級專家 | 吳妍華 | 4 |
| 為台灣高科技產業種下種子的關鍵人物 | 施振榮 | 7 |
| 科技創新的典範 | 徐爵民 | 10 |
| 令人尊崇的典範 | 曹世綸 | 13 |
| 飲水思源、鑄就偉業 | 陳立武 | 16 |
| 推動世界的巨人 | 陳良基 | 20 |
| 推動產業、造福人群 | 陳俊秀 | 24 |
| 書、量子、半導體、科技園丁 | 陳健邦 | 28 |
| 迷惘時代 心靈指引 | 潘健成 | 32 |
| 一位享受教學研究的曠達學者 | 盧志遠 | 35 |

（按姓氏筆劃）

**第一章 傳奇施敏**      **38**

| | |
|---|---|
| 施敏的貢獻 | 40 |
| 少年施敏 | 46 |
| 施敏的雙親 | 54 |
| 施敏的母親 | 60 |
| 施敏的好習慣 | 67 |
| 施敏的人生觀 | 71 |
| 兩位貴人 | 83 |
| 羅曼史與小家庭 | 93 |

**第二章 施敏的發明**      **102**

| | |
|---|---|
| 浮閘記憶體發明 45 周年 | 104 |
| 看似無用的發明 | 116 |

電子時代三部曲 121

百分之百滲透率 132

揮發、非揮發 139

## 第三章 施敏的著作 156

暢銷全球的半導體聖經 158

三千小時的堅持 167

「浮閘記憶體」與肉形石 171

## 第四章 培育人才 174

董浩雲講座 176

作育英才 186

交大教授心目中的一位大師 196

穿越時空的儒者 209

## 第五章 產業貢獻 220

孫運璿的感謝 222

悉心呵護　鎮國之寶 232

創立環宇電子 237

一個重要的決策 244

人才、夥伴、群聯傳奇 252

## 第六章 年表大事記

施敏年表 261

電子與資訊產業大事記 271

## 推薦序

# 嚴謹簡樸的
# 世界級專家

吳妍華

　　第一次見到施敏教授，是在 2000 年的中研院院士會議上，由於我們的研究領域不同，當時並沒有太多深入的交談。2010 年南下定居新竹後，才對施教授有了進一步的認識。

　　施教授目前是本校終身講座教授，同時也是教育部的國家講座和美國史丹福大學顧問教授。之前他曾擔任許多學術機構，包括瑞士科技大學、英國劍橋大學，香港大學、和日本東京工業大學的客座教授。

　　產業界尊稱他為「半導體之父」，這項殊榮證明他在半導體領域的成就，對 IC 產業有非常卓越的貢獻。當年孫運璿資政曾在重要會議中公開的予以表揚，並感謝他的協助。30 年前，當經濟部決定引進海外 IC 技術時，施教授曾經擔任七人工作小組的委員和孫資政的個人顧問。在關

鍵時刻，他提供了許多重要的建議，讓孫資政做下正確的決定，也為我國 IC 產業帶來了 30 幾年的榮景。

施教授是世界級的專家學者，半個世紀的實務與學術生涯中，他培養了無數的領袖人才。最特別的是，他為本校指導了全國前三名的國家工學博士：張俊彥（曾任本校校長）、陳龍英（曾任本校副校長、空中大學校長）及褚冀良（中科院天弓飛彈負責人）。這項成就，少有人能望其項背。

他的著作等身，其中「半導體元件物理」一書，是進入 IC 領域的重要書籍，對此，他深感欣慰。這本專業人士稱之為「聖經」的書籍，不但台灣人讀，美國人讀，日本人讀，全世界的人也讀。許多中外 IC 產業的高階主管們，將施教授親自簽名的這本書，列入珍貴的收藏。

另一件讓施教授感到欣慰的是，他在貝爾實驗室任職時，與姜大元博士共同發明的「非揮發性半導體記憶體（NVSM），或稱『浮閘記憶體』」。在經過了 45 年之後，仍然是所有的電子產品都要用到的 NVSM 概念。他時常客氣的說，這項發明是午餐的配料，當時兩個人常常一邊吃飯，一邊討論，並且在餐巾紙上將討論的結果畫出來。這個偉大的發明，是施教授對專業的熱忱以及對研究全心投

入的最佳寫照。

施教授除了治學嚴謹外，日常生活也十分儉樸。位於新竹十八尖山下的宿舍區內，常常可以看到施教授書房裡的燈光在深夜中仍然亮著。假日的傍晚時分，也常看到施教授穿著運動球鞋，規律的在十八尖山走路。當年輕教授、助理以及工作人員，向他打招呼時，施教授總是面帶笑容親切的回應。

施教授對母親非常的孝順，曾經為母親出版了一本有關手相及面相的書—「人相簡述」，讓母親在這方面多年的研究心得可以與朋友分享，並幫助一些需要幫助的人。

欣聞宏津即將出版「施敏與數位時代的故事」，記錄施教授不平凡的一生，分享給廣大的讀者，身為交通大學校長的我與有榮焉。

（作者為國立交通大學校長）

## 推薦序

# 為台灣高科技產業種下種子的關鍵人物

施振榮

　　施敏教授在我就讀大學時期，就已大名鼎鼎，就連我們當時讀的教科書也是由他所著，施教授在半導體領域在國際上有很大的貢獻。

　　其實施教授對於台灣高科技產業的發展影響更大，華人第一家半導體裝配公司－環宇電子幕後的創辦人之一，就是施教授，環宇也是台灣第一家設有研究發展部門的企業。

　　當年環宇電子創設時，就是因為他的關係才能找到紡織界的資金（當時台灣紡織業界的資金最為充沛），才能順利與邱再興先生共同創辦了環宇電子。

　　而環宇電子的成立為台灣的高科技產業發展有著相當重要的影響，環宇培育了許多產業界的人才，它是我畢業

後的第一份工作，我也是在環宇開發出第一台桌上型電算器，此外，宏碁公司最早期的研發部門負責人林家和也曾任職環宇。

我也是因為在環宇公司任職的關係，才會獲得老闆賞識並在工作一年後一同出去創辦了榮泰電子，也因恭逢其盛，有機會參與了台灣自主技術的計算機產業的發展。而當年包括三愛、金寶等公司也培育出包括葉國一、溫世仁、林百里、許勝雄等人才投入，在計算機產業的基礎上進而發展出台灣的筆記型電腦產業。

而我也是在榮泰期間對微處理機的發展有更多的了解，且當年榮泰的研發團隊就是後來一同創立宏碁的合夥創辦人，這群人更由此展開台灣高科技產業發展的另一段精彩故事。

施教授當年實在太忙，為創設環宇電子找錢、找關係，雖然環宇成立後他沒參與經營，不過可謂替台灣電子產業種下許多種子，這批人（種子）在日後更為台灣電子產業開創許多的新路出來。

此次宏津出版了「施敏與數位時代的故事」乙書，介紹了施敏教授發明 NVSM（浮閘非揮發性記憶體）開創了「數位時代」，培育許多人才，對產業做出許多貢獻，十

分值得參考，可以讓我們更了解台灣科技產業早期發展的
故事。

（作者為宏碁集團創辦人、智融集團董事長）

**推薦序**

# 科技創新的典範

徐爵民

　　在經濟景氣低迷又面對激烈國際競爭的年代，加速產業技術升級是各國積極發展產業的重點方向，而「創新」就是最重要的策略作為。

　　貝爾實驗室 (Bell Labs) 的大本營 Murray Hill 有一座電話發明人貝爾 (Alexander Graham Bell) 的半身像，其底座刻著他的名言："Leave the beaten track occasionally and drive into the woods. You will be certain to find something you have never seen before."（偶爾把車開到樹林裡，別總是走老路，就一定能發現前所未見的東西），指的就是創新。

　　以科技創新帶動台灣產業發展，創造經濟價值，是工研院的任務，追求創新一直是我經常思考與推動的要務。思及貝爾先生鼓勵創新的名言，深覺目前國家當務之急就是要加強創新研發，延攬並培育創新人才，才能持續開創產業新局。

　　貝爾實驗室鼓勵研究人員創新，促成許多對人類具有重大貢獻的發明，「電晶體」是一例，在貝爾實驗室工作了 27 年的中央研究院院士施敏教授於 1967 年所發明的「浮閘記憶體」（Floating-Gate NVSM），也是一例。

　　施教授發明的「浮閘記憶體」是目前廣泛使用在電子資訊產品中之快閃（Flash）記憶體的基本結構，可以說沒有「浮閘記憶體」的發明，就沒有快閃記憶體；它的創新研發與後續衍生應用及產業發展，對人類生活產生了深遠的影響。

　　施教授在半導體科技上的創新研發成就享有崇高的國際聲望，他也長期在台灣培育半導體人才，與台灣半導體產業發展及工研院電子所的關係很密切。1974 年 9 月 1 日工研院電子所成立時，施教授被當時擔任經濟部長的孫運璿聘為「電子工業諮詢小組」委員，同時工研院亦聘請其為「電子技術顧問委員會」委員。1976 年台灣為了引進海外 IC 技術，經濟部特別成立「發展積體電路計畫工作小組」，施教授即為七位委員之一，對台灣是否發展以及如何發展 IC 產業給予關鍵的分析與建議。

　　其後，工研院為協助國內產業加速擺脫技術追隨者之弱勢，掌握競爭利基，於 1995 年率先推動國內前瞻科技

創新研發計畫，並成立「前瞻科技指導委員會」，也邀請施教授連續擔任第一至第四屆委員，長達十二年之久，指導工研院創新前瞻科技之研發方向、策略、機制、制度與人才延攬等。

1999 年工研院電子所成立 25 週年慶時，創立工研院且對台灣產業發展有非常深遠影響的總統府資政孫運璿，對施教授肯定有加，特別感謝施教授及當年行政院科技顧問艾凡思（Bob Evans）協助他做出關鍵的決策，讓台灣建立起了一個對經濟發展極重要的 IC 新產業。在過去四十年來，施教授對我國電子產業，尤其半導體產業有前瞻性之貢獻，他是一位科技創新的典範。

（作者為工業技術研究院院長）

## 推薦序

# 令人尊崇的典範

曹世綸

　　麗娟辛苦數年的書終於要問世了，而我有幸受邀為本書寫序，是莫大的榮幸。

　　麗娟是我熟稔的好友，在媒體界工作多年，文采清麗洗鍊、觀點鮮明獨特，歷經雜誌社、報社的歷練，到轉戰產業人物故事平台，採訪過無數高科技產業領袖菁英，其中不乏位高權重、經綸滿腹的學術界大老，以及叱吒風雲、有遠見能冒險的企業家。捧讀這本書的初稿，不禁好奇為什麼在全球經濟復甦未明、景氣環境受到挑戰的時候，她選擇投身撰寫施敏教授的傳記呢？

　　答案就在書中！因為書中的主角施敏教授所發明的浮閘非揮發性記憶體元件（NVSM）實在太重要了！這項改變數位資料儲存的技術，和真空管、電晶體並列全球電子工業產業中最重要的三大發明，不但揭開「數位時代」的序幕，更催生了許多衍生應用產品，引領全球電子產品革命

性的蓬勃發展，對人類社會造成深遠的影響。

　　但施敏教授的貢獻不僅止於此。歸功於施教授真知灼見，讓台灣半導體產業在草創初始即獲得政府大力扶植，建立了資訊電子工業的基礎，才能讓台灣在現今全球半導體產業位居不可動搖的領先地位。另外，他亦致力理工人才的養成與教育的紮根，在貝爾實驗室服務的二十七年職涯中，五度回台授課，培育出許多台灣頂尖一流的人才。身為台灣電子產業鏈中的一份子，我們要特別向施教授表達誠摯的謝意與最深的敬意！

　　產業環境越是艱困，越需要令人尊敬效法的典範。本書不只是施敏教授的傳記，更是彌足珍貴的歷史縮影。透過施教授的人生的點滴記錄，一窺全球電子工業與半導體產業發展過程，記錄半世紀以來科學的重大成就，讓人受益匪淺。更以簡潔扼要、淺顯易懂的方式呈現大師的生活各個面向，讓讀者除了在了解施敏教授發明的重要性外，更看到他人生歷練的智慧精華、面對無垠科技的虛懷若谷與海納百川的氣度，以及無私奉獻的崇高精神。

　　很高興能夠為我們的社會薦舉這樣的世紀大師以及他的傳記，也感謝麗娟對「施敏與數位時代的故事」的堅持與努力，從籌劃、採訪到出版過程付出許多心力，順利讓

這本書公諸於世。

　　期盼此書的啟發成為讀者開展成功人生的寶貴智慧，使創新的能量不斷開枝散葉，激發更多新一代應用技術誕生，延續電子產品未來百年發展。

（作者為 SEMI 台灣暨東南亞區總裁）

## 推薦序

# 飲水思源 鑄就偉業

陳立武

去過大陸或台灣任何一個交通大學的人都知道校區里"飲水思源"的紀念碑。

對交大的莘莘學子，這四個字是校訓；而對施敏教授來說，這四個字卻有著更加深遠的意義。施教授年紀輕輕就在美國一舉成名，他發明的非揮發性半導體記憶體（NVSM）開創了數位時代，他撰寫的大作《半導體元件物理學》更是被譽為半導體業界的聖經。然而，面對美國高薪的職位和已經取得的盛名，施教授卻毅然選擇回到了培育他多年的故土—台灣。

70年代中，台灣政商界展開了對是否發展半導體產業的大討論，反對聲不斷。

因為大家都知道，半導體是一項既費錢又有高風險的事業。正因為有了施教授等七人顧問小組對孫運璿資政正確而前瞻性的分析和建議，工研院、新竹科技園區才得以

順利成立，當時世界先進的 CMOS 技術才得以在資金匱乏的時代被力排眾議堅持引進國內，第一代工程博士才得以誕生。高科技的發展需要兩個要素：人才與資金。1987 年，當我接到李國鼎先生的感召到台灣開拓半導體產業的風險投資事業時，我驚喜的看到，經過 20 幾年的培育，台灣已經有了大量本土的半導體和電腦人才。而正因為有這樣一片「營養充足」的土壤，華登國際創投才得以能夠在這過去的 25 年幫助大批華人企業實現了創業成功的夢想。

如今，半導體已成為了台灣的「鎮國之寶」，台灣也已經成為繼美國和日本之後，半導體產值雄踞世界第三的地區。飲水思源，這一切都與擁有「半導體教父」之稱的施敏教授以及多位前輩的多年不懈努力和貢獻分不開。

如果說資金和人才是半導體產業的支柱，那創新就是半導體產業的靈魂。施教授傳奇的一生就是不斷追求和推動創新的寫照。六十年代末期，當大多數的科學家在研究最快最新的半導體記憶體的時候，施教授獨闢蹊徑研發出低功耗的非揮發性半導體記憶體。在那個所有的電腦設備都需要接插電源的時代，這項發明的重要性並沒有立刻受到世人的認同。斗轉星移，到了九十年代，隨著移動科技

的發展和普及，以及對低功耗和高性能半導體的需求，施教授的發明成為這一輪科技革命以至整個人類數位化變遷的巨大推手。「大浪淘沙」，半世紀來全球無數半導體公司起起浮浮，能夠存留下來和不斷壯大的，一定是勇於創新的開拓者。我在 Cadence 擔任總裁的這幾年，對此深有體會。比如大部份企業對於三維立體堆疊晶片（3D IC），20 奈米以至 14 奈米技術還不敢輕易嘗試，而我們卻已經連同頂尖的合作夥伴取得了重大的突破，這些技術勢必將成為推動全世界半導體產業下一個黃金十年的引擎。我深信半導體產業這種勇於創新的追求，是傳承自像施敏教授這些半導體技術的開拓者。

　　施教授的成就和影響力絕對是當今年輕人學習的榜樣。但是每一個人的生長環境和成長道路各不相同，我們真正要去體會和學習的是成功背後那許多點點滴滴為人處事的道理。在資訊多元化、瞬息萬變的當今世界，青年學子常常會面臨工作學習中的「選擇障礙」。我們不妨靜下心來，讀一讀「施敏與數位時代的故事」給我們講述的施敏教授一生堅持的人生觀。正如施教授說的，「資訊不是知識，掌握資訊不代表就掌握了創造力」。唯有多讀書，秉持「腳踏實地，不投機取巧」，「前瞻，眼光放遠」的

人生觀，當時機來臨的時候，你，也同樣可以在台灣這片充滿生機的土地上創造出屬於自己的歷史，在世界舞台上發光發熱。

（作者為華登國際董事長，Cadence Design Systems 總裁）

**推薦序**

# 推動世界的巨人

陳良基

　　麗娟來函要我為《施敏與數位時代故事》一書寫序，一聽到「施敏」的大名，我心裡立刻一百個答應，也不顧現在手邊的工作是多麼的忙碌，原因之一當然是如書中所言，施敏教授在台灣半導體、高科技發展過程中扮演重要角色，就算在全球半導體科技發展也舉足輕重。半導體是台灣高科技的源頭，至今依然是台灣高科技重要命脈。而半導體科技推動全世界進入個人電腦、進入行動網路，人類文明進入所謂的「數位時代」，這樣一位參與其中推動世界的巨人，實在值得尊崇。

　　另外的原因是我與施敏教授有不少間接的淵源，也間接啟蒙我在半導體 IC 設計領域的科技生涯，拜讀他的故事之餘，提筆為序，也是對他恩澤眾多學生的回饋。而我順著半導體元件的發展，逐步走向電路輔助設計、電路模擬，再進入積體電路設計，《半導體元件物理學》的啟蒙實是

重要原因。

　　我第一次接觸施教授是在研究所修讀「半導體元件」時，當時的授課老師張俊彥教授開出的課本就是《半導體元件物理學》。博士班學長告訴我，這本書是半導體科技界的聖經，幾乎每個在半導體界工作的人都讀過它，我一看作者是 "S. M. Sze"，很奇怪的拼音法，仔細看作者簡介，非常驚訝地發現是華人，而且似乎與台灣頗有淵源，讓我對這本書的內容特別好奇。我後來在半導體元件學得算是深刻，一定是拜當時一方面好奇，一方面崇拜，加上當時張俊彥教授的循循善誘、引導入門有關。後來又知道施敏教授是張俊彥博士指導教授，等於是我的師公，更是肅然起敬。

　　我在研讀《半導體元件物理學》這本書的過程，也漸漸了解這本書為什麼被尊稱為半導體界的聖經，書的內容深入淺出，涵蓋元件的源起、理論、應用等自不在話下，而整本書在資訊的收集、編排、引用，真是令人佩服，看得出來施敏教授博覽群書、旁徵博引的功力，而施敏教授對引證之嚴謹、論述之周密，在在可見一代大師之風範。雖然半導體元件之深不可測，量子能場之難以捉摸，這本書實在不是那麼容易讀，但大師的引導，元件的奧妙得以

被揭開。

　　後來，我因緣際會進入貝爾實驗室進修、在台大講學、創立台大電子研究所、到工研院參與電子半導體科技發展、服務國家實驗研究院管理國家奈米元件實驗室，前述這些歷程所經的單位，居然都和施敏教授有不少淵源，也實在是美麗的偶然。

　　我要特別提一下，我在台大創辦電子研究所的時期，台大大概已是國內最晚成立電子領域研究所的單位，因此，在奉命籌備時，心裡就思考著如何在國內外已有不少知名研究單位的情形下，早日脫穎而出。我想起「山不在高，有仙則名。」的名言，因此興起聘請電子領域各方大師為諮詢委員蒞臨貫頂傳承之作法。施敏教授很爽快地答應幫忙，並親臨台大做多場演講，當眾多莘莘學子聆聽大師論述半導體未來趨勢，探索大師當年如何構想出以「浮動式閘極」創新元件，創造出非揮發性記憶體，又如何在早期被認為可能沒太大用途之元件，今日如何變成推動「數位時代」的引擎，看著學生如癡如醉傾心跟隨大師走入半導體領域，我就知道台大的電子領域要在世界發光發熱了。果然隨後不久，台大在全球元件、IC 設計、IC 輔助設計等領域連續拿下多次論文發表世界第一的頭銜自然是水到渠

成。

　本書中，透露更多一代大師生活上的一些情趣，也許也可讓更多人了解科技確實要與更多人文結合，施敏教授的許多生活故事都值得大家細細品嘗。最後，我想說的是，以前我們都聽過「著作等身」這樣的讚美之詞，大家總認為只是讚美言語，但此書中，大家會驚異發現施教授真正做到「著作等身」，而且在書中有照片為證。推動世界文明進入數位時代的一代大師—施敏教授，真真正正值得尊崇。

（作者為國家實驗研究院院長）

## 推薦序

# 推動產業、造福人群

陳俊秀

　　因為任職交大校友總會的關係，有許多機會可以認識交大傑出的校友，其中施敏老師可以說是非常特別的。他所指導的前三位國家工學博士 --- 張俊彥（電研51級、電研博58級）、陳龍英（電研55級、電研博61級）、褚冀良（電研56級、電研博61級）三位先生都是交大畢業的前輩學長。他也是把台灣帶進半導體領域的幕後功臣（詳見孫運璿的感謝章節）。

　　回交大校友會任職時，才有機會去認識施敏教授。第一次和他見面，是到他位於九龍的宿舍，陳設簡單的房間看到最多的就是書，他給我看了一張很有意思的相片，他女兒站在他寫的書旁，疊起來的書比女兒還高，若不是親眼看到，著實很難想像也很難相信。

　　施教授是一位和藹可親的人，完全沒有大師的架子，

對能為學生或是學校幫忙的事情，只要他能力可及，一定盡力；當時可能有問題的，還是賣力，例如交大電子資訊研究大樓及奈米電子研究大樓都是他監督興建的。

講到施教授一定不會忘了提他的大作「半導體元件物理學」，是進入半導體領域的聖經，不但是台灣人要讀，美國人要讀，日本人要讀，全世界的人都要讀。許多半導體高階主管對他都非常崇拜。

記得有一次施教授交代我去向群聯電子潘健成學長購買幾個非常精美的隨身碟，以便送給在美國的好友做為聖誕禮物。拿到隨身碟後，潘健成學長堅決不收錢，後來獻策請他送幾本簽名的英文版「Physics of Semiconductor Devices」給健成學長，讓他轉送給群聯日本大股東 Toshiba 的高階主管。後來健成學長轉達，收到書的人都非常高興，可以擁有大師親自簽名的書，是一件令人興奮的事情。

另一點更是施教授對人類做的最大貢獻 — 發明「非揮發性半導體記憶體 (NVSM)，或稱「浮閘記憶體」，這是他在 Bell Labs 任職時，與姜大元先生在午餐時邊吃邊討論，在餐巾紙上畫出來的結果。該發明對現代人類影響非常巨大。有一次施敏老師拿了一張圖表給我看，該表是由旺宏

總經理盧志遠學長請人調查所得到的結果，幾乎接近 100% 的電子產品都用到 NVSM。說施敏教授是世界級的偉人，一點都不為過。

施敏教授也是一位事親至孝的人，他的媽媽齊祖詮女士中英文造詣都很深，擅長手相及面相，施教授曾經幫媽媽出了一本「人相簡述」的書，早就已經絕版了。有一次他還告訴我，若有機會可以再次出版來送給一些好友及感興趣的人，該書會對他們很有幫助的。對於助人的事，施教授總是把它排在前頭。

他若有空一定會出席參加交大校友會每季一次在台北舉辦的長青校友會聚會，和交大的耆老校友們如現年 93 歲的盛慶球前校長等人見見面、聊聊天，討論對交大能做什麼貢獻……。會後他一定會去探望他 90 來歲的舅舅，真正的是一位孝順的長者，是值得大家學習的榜樣。

在書中也可以讀到施教授年輕的時候很愛問問題，總是追根究柢，甚至還被老師誤會認為是淘氣的學生，更甚者，有一次還因「學生帽」事件，差一點被教官開除，若當時教官真的開除他，肯定現在的電子產品就不會這麼好用了！

感謝他為交大帶來這麼多貢獻，感激他為國家培養了

這麼多人才。讀這本書，更加對施敏教授由衷的敬佩，也更清楚，他對人類的貢獻會越來越顯著。能有機會為他的書寫序，實在是我畢生的榮幸。

（作者為台灣交通大學校友總會執行長）

推薦序

# 書、量子、半導體、科技園丁

陳健邦

　　物理系高年級的量子力學，向來是學生們比較頭痛的一門課。我在台大物理大四時，量子力學的考試，老師出了一個怪題把其他同學都難倒了，我恰好在一本冷門的量子力學書本上看過類似的例題，因此我的量子力學修得全班最高分。對於我有十多本不同的量子力學教科書，同學多表驚訝，但實情是每一本都有我看不懂的地方，總覺得書上有一堆沒交待清楚的東西，才一本又一本的翻閱，想要理出一個頭緒。也曾幻想，將來要寫一本有關量子力學的書。

　　因為沒打算出國，去考了清大物理研究所。碰上一位從台大電機系來的同學林天樂，我們好奇的問他：「你為什麼也來清華唸物理研究所？」他說：「我在台大修施敏

教授的課，決心要走半導體這一行，去請教施教授。他告訴我，『要研究半導體元件，一定要懂量子力學，可是電機系教的量子力學的深度是不夠的，你要修物理系的量子力學才行。』所以我想在出國前，先讀一些物理。」這是我第一次知道，有人因施敏教授的話而改變了人生的軌跡。

我對物理的主要興趣原在「宇宙論」，研二時，心想若再繼續念物理，也不會成為一流物理學家。正好遇上第一屆國防預官役（現在的研發替代役）的方案出來，我成了首批因國防預官役而進入工研院電子所的工程師。施敏教授的《半導體元件物理學》，這本半導體工程師必備的參考書，也就到了我的書架上。

不久，初露頭角的盧超群博士到電子所做了一場意氣風發的演講，他也提到施敏教授對他的影響。其實我和半導體的第一次遭遇是在高中時，看了中華書局出版的《半導體裝置》，譯者是李述忠，多年之後，我才知他和我曾在同一地方練過道家氣功。

施敏教授的書，歷來被推許為半導體元件物理的聖經，之所以能歷四十年、三次改版而不衰，與其說這是一本教科書，不如說是一本緊追半導體元件物理前沿發展的參考工具書。因為量子力學的精奧之處，確實不是

一般工程訓練背景的人所能掌握。半導體元件之應用，諸如 LED、雷射、太陽電池、共振隧穿二極體、積體電路等，又恰是二十世紀量子物理的最大實用成果。而在半導體元件和工程技術快速進展的起飛期，有了像施敏教授這樣純粹讀書人風格的研究人員，利用貝爾實驗室當時的環境，博涉解讀各家新出的研究論文，跳出繁瑣量子理論和數學細節，刪繁就簡，摘要整理出一般工程人員可理解研讀的形式，就各種半導體元件的理論、應用，有一全景式的觀照。整本書在資料的編排、引用，突出了作者對最新研究資料的組織吸收能力。這也可說是為同一時期的半導體元件的研究和工程人員所做的讀書、看論文的筆記。在 Amazon 書店網路，有幾則書評，都特別指出此書特有的「施氏風格」，甚至惋惜英文本的第三版，因為多了一位共同作者，而使此一「施氏風格」變淡。

　　一本好書有什麼用？因為研究「動態系統和混沌理論」而得到 Japan Prize 的數學家 James A. Yorke，一再強調，請人們要多看他的書而少聽其講課，因書本是經過一再思考用心編排出的，對問題能做最佳化的表達。他自己所看過的書對他的影響，遠大於他所修過的課。他甚至說：「我的 mentors 並不是那一些我修過課的老師，而是那些傑妙好

書的作者們。」所以，一本好書是可有許多功德的，好書的作者可成為許多人心智開竅的 mentors. 施敏教授的書，也可如此看待。

麗娟要我為《施敏與數位時代故事》一書寫序，我只聽過施敏教授一次演講，素無交往，以上寫來，略表後學對一位為台灣科技產業播種近半世紀的園丁之敬意。

（作者曾任台積電副總經理，現任台積電文教基金會董事）

## 推薦序

# 迷惘時代　心靈指引

潘健成

　　他的故事，是一本半導體演進的發展史。他所編撰的「半導體元件物理學」在業界有聖經之稱。他，是被譽為半導體教父的施敏教授。

　　隨身碟、數位相機、仍至於現在風靡全球的智慧型手機、平板電腦……等電子產品，內鍵的 NAND Flash 晶片扮演著關鍵的角色。催生 NAND Flash 晶片的正是 1967 年時劃時代的發明 ── 非揮發性半導體記憶體（NVSM），或稱「浮閘記憶體」。1990 年代後，NVSM 的應用越見廣泛，也正式宣告數位化時代的來臨，而這幕後推手正是施敏教授。

　　施敏教授在專業領域上的豐功偉業，相信大家都已耳熟能詳了。然而這本新書分享的許多小故事，讓我能從許多不同的面向來了解施教授，也更清楚他之所以在研究領域如此出類拔萃的原因。就像施教授自己的分析：父母

雙親、大環境、工作職場都不是掌握在自己可以控制的範圍，唯有讀書充實學識是可以百分之百可以自行掌握的。我在經營公司之後得出的體悟：做生意就是做人。似乎也可以用在解讀施教授的成功：做研究何嘗不是做人的延伸。若沒有從小培養出來的「專注」，再好的硬體設備也不能保證研究成果；因為從小習慣規律的生活與清淡的飲食，年紀輕輕就有大作問世的施教授並沒有迷失在名利的追逐中，並且能維持良好的健康狀況，多年來持續不斷的研究與提攜後進，數十年如一日的在不同位置上貢獻自己的力量。

　　慶幸於施敏教授多年的努力，今日台灣的半導體工業才得以蓬勃發展。雖然現今的青年學子要面臨的是不同與以往的困境與挑戰，施敏教授的「半導體元件物理學」並不能幫助你們解決所有的技術性問題；但是「施敏與數位時代的故事」裡面所傳達的基本精神，相信是可以幫助大家在這個迷惘的時代裡更能了解自我的心靈指引。在此用施敏教授當年初出學校要挑選工作時的故事勉勵大家：剛開始的起薪並不是最重要的，找尋到適合自己性向的良好工作環境，才是對自己的生涯最大的幫助。其中最重要的莫過於了解與認識自己，施敏教授的學經歷是沒辦法複製

的，是由於他的人格特質是獨一無二的；然而「選其所愛、愛其所選」這個最基本的道理卻是舉世皆然的通則，祝福各位讀者能從施敏教授的故事中尋找出適合自己的道路，在這變化萬千的數位時代裡寫下屬於自己的故事。

（作者為群聯電子創辦人、董事長）

**推薦序**

# 一位享受教學研究的
# 曠達學者

盧志遠

　　欣聞王麗娟小姐即將出版新書「施敏與數位時代的故事」，實在是令人興奮，急急想得一睹為快。王麗娟小姐文筆流暢，尤擅書寫人物，既傳神又富趣味，讀其報導，令人不忍釋手，非得暢讀不可罷休。據知王麗娟小姐對於半導體電子元件大師 － 施敏教授的多年貢獻事蹟甚有興趣，一直希望能做一完整又娓娓道來的報導，使讀者對此一位電子元件大師之成長，奮鬥，貢獻以致於人生觀都能一窺全貌，使得後進學子以及景仰他的同僚先進們都能見賢思齊，仰慕師法，意義深遠。

　　說到施敏教授，其所著之電子元件聖經 — "Physics of Semiconductor Devices" 一書已經更新三版，歷經無數刷，長年居 Amazon 網站購書公司電子元件類的暢銷書第一名，

歷久不衰，此皆因施敏教授能夠在讀遍千篇論文之後，摘其精華真義，做成此書，使得讀者學子一讀之下，猶如吸收日月之精華，功力加增一甲子，當然獲得天下有心讀者互相推介，甚至盜版翻印，以致於幾乎全球電子元件之師生與專業人士都人手一本，不可或缺，影響力大得無比。

施敏教授除了極善於把握精髓教人無數，本身又是一位極為傑出多產的研究學者。他不但真正的「著作等身」（著作論文，書籍堆起來真有一位成人身高以上），而且其影響又是極具世界文明的衝擊力（impact factor）。在 1967 年，施博士在貝爾實驗室（Bell Labs）所發明發表的「浮閘非揮發性半導體記憶體細胞元件」（Non-Volatile Semiconductor Memory Floating Gate Device）係四十年來最重要的元件發明之一，也是當今世界上人類累計生產數量上最大的記憶體元件。其對人類生活之穿透程度，幾達百分百。

施敏博士不但是一位最傑出的科學家學者，也是一位愛國愛鄉的性情中人，他不貪的人生哲學，曠達的生活態度更令人欽佩景仰。 施敏教授在台灣經濟仍十分困頓的年代，就多次由海外返台貢獻其才幹於台灣，在當年實在是稀有物種，心懷祖國又真肯付諸實踐的學人。

　　在王麗娟小姐的新作之中，這些令人景仰學習之事實報導更是處處可見，在此衷心期望此書能在當今世風浮動，怨天尤人的氛圍中有如一盞明燈，清新亮麗，使得人心一振，仰望正面目標，全力奮起，以施敏教授作為榜樣標竿，奮發前行，也能像施敏教授一般不貪不忮，曠達自若，享受挑戰，從容達陣。

（作者為旺宏電子總經理，欣銓科技董事長）

# 第一章

# 施敏傳奇

# 施敏的貢獻

施敏的「發明」，影響了全人類；他的「著作」，暢銷全球；他的「學生」，更是半導體產業裡面的佼佼者。

任何人能在「發明」、「著作」或「學生」這三方面之一，有所成就，已屬不易，但施敏卻是集這三大貢獻於一身的人。

此外，施敏襄助總統府資政孫運璿先生，制定產業政策，使得台灣發展積體電路的計畫，有了正確的方向。

許多人總是以「施教授」來稱呼他們敬愛的施敏。他們知道，施敏不但是一位作育無數英才的教授，他更是一名發明家，以及一位全球暢銷書的作者。

施敏的「發明」，影響了全人類；他的「著作」，暢銷全球；他的「學生」，更是半導體產業裡面的佼佼者。任何人能在「發明」、「著作」或「學生」這三方面之一，有所成就，已屬不易，但施敏卻是集這三大貢獻於一身的人。

所以，施敏不但是一位講學足跡行遍天下的「教授」，他更是一位「作家」及「發明家」。

## 造福人類的發明

一個發明或發現會改變歷史。用石頭做工具，帶來了「石器時代」；將溶解的銅和錫混合，帶來了「青銅器時代」；施敏（Simon M. Sze）與姜大元（D. Kahng）認為王安發明的磁圈記憶體又大又耗電，因此他們想辦法將一片金屬埋入了場效電晶體的閘極中，發明了「浮閘記憶體」（Floating Gate Nonvolatile Semiconductor Memory）（註），從此帶來了「數位時代」！

NOR Flash 及 NAND Flash 係將施敏的發明，予以延伸

創新，分別在 1984 年及 1987 年，於國際電子元件會議
（IEDM）發表。

國際電子元件會議（IEDM）隸屬於國際電機電子工
程師學會（IEEE），是全球半導體產業的年度盛會。NOR
Flash 及 NAND Flash 於 IEDM 發表後，隨即引起全世界的
重視，接著，各種強調輕巧省電的應用，便如雨後春筍般
地竄出頭來。

施敏的「發明」，對二十一世紀的人類文明，影響深
遠。舉凡強調省電、輕巧、行動電子、智慧型電子的產品，
幾乎百分之百都採用了施敏與他的韓籍同事姜大元在貝爾
實驗室所發明的「浮閘記憶體」。

## 暢銷書　一炮而紅

施敏的著作，培育了「半導體人才」。

不像施敏的發明，世人幾乎花了二十年才知道它的
價值。施敏所寫的書，「半導體元件物理學」（ Physics of
Semiconductor Devices ），發行上市之後，就一炮而紅。

Wiley 出版社在 1969 年第一版出版後，就與這名暢
銷書作者保持良好的合作關係，接著又在 1981 年及 2007
年，分別發行第二版及第三版。施敏的書被翻譯成多種語

言發行，發行量超過一百五十萬本。幾乎半導體行業裡的人，全都讀過他寫的「半導體元件物理學」。

## 講學授課　行遍天下

施敏任職貝爾實驗室期間，曾五度回台灣講學。學生遍及交通大學、清華大學、台灣大學及中山大學。1990年，施敏提前退休，並到交通大學任教。2010年，施敏在交大任教已超過 20 年，交通大學特別頒發終身講座教授榮譽給他。教學迄今，累計施敏在台灣的學生人數，早已超過萬人。許多產業界裡的重要人士，都是他的學生。

施敏也到大陸講學，足跡遍及蘇州大學、山東大學、安徽大學、東北大學、上海交大、西安交大、吉林大學、北京交大、北京工業大學及大連理工大學等十所大學，學生人數逾千人。

此外，他也以訪問教授身份，受邀至英國劍橋大學、瑞士科技大學、香港大學、日本東京工業大學等學術殿堂講學，足跡可謂行遍天下。

## 協助制定　產業方向

　　除了上述的三大貢獻，施敏襄助總統府資政孫運璿先生，制定半導體產業政策，使得台灣發展積體電路的計畫，有了正確的方向。

　　國人感念前總統府資政孫運璿先生對國家的巨大貢獻，而孫運璿先生卻在 1999 年 9 月 1 日，工研院電子所成立 25 週年慶祝典禮上，公開感謝施敏，因為他在孫先生做決策時，提供了重要之建議。

　　當年擔任經濟部部長的孫運璿，為了投下經費引進外國的半導體技術，承受了很大的壓力。民意代表批評浪費公帑不說，是否能夠為沒有天然資源的台灣，開拓出一條新的產業大道，才是孫運璿最關心的重點。

　　孫運璿為了選定引進半導體技術的對象及技術標的，找來當時在美國最頂尖的貝爾實驗室任職的施敏諮詢。而接觸先進半導體技術多年的施敏，也為孫資政做出詳細的分析。

　　因之在選擇引進對象及選定哪項積體電路之技術，都是施敏以及「經濟部發展積體電路計畫工作小組」委員們為孫運璿資政做出的建議。所以，台灣半導體產業得以快速發展，施敏以及這些委員，可說功不可沒。

（註）

1967 年 5 月 16 日，施敏（Simon M. Sze）與他的韓籍同事姜大元（D. Kahng）在貝爾實驗室發明了「浮閘非揮發性半導體記憶體」（Floating Gate Non-Volatile Semiconductor Memory），本書簡稱之為「浮閘記憶體」（Floating Gate NVSM）。

# 少年施敏

　　1948 年 12 月，12 歲的施敏，跟著父母，一家人來到台灣。母親全心照顧施敏與弟弟兩個小兄弟的生活與學業，施敏的學業表現一直很優異。不過，聰明又好奇的他，也曾是一名挑戰老師的淘氣學生。

## 小學，讀了七個學校

施敏聰慧，加上母親很注重兩個兄弟的功課，全職在家照料，因此，即使是在政局不安定的年代，施敏與弟弟兩人的學業，一點也沒有被耽誤。 1948 年 12 月，施敏12 歲，他與小他兩歲的弟弟跟著父母，一家人來到台灣。

中國對日抗戰期間，施敏跟弟弟，還是小學生。儘管環境動盪，但在施敏母親心中，最重要的事，莫過於兩個孩子的學業。所以，給孩子找學校、搬家，一直是施敏母親最關注、最費心的事。

從重慶、昆明、天津、北平、瀋陽到上海，光是小學，施敏就換了七個學校。搬家，通常是在寒暑假的時候，施敏還記得，那時

1947 年全家攝於瀋陽（施敏時年 11 歲，弟弟施存 9 歲），這張照片是來台灣前一年所攝。

候讀書很辛苦，還好施敏的母親很重視孩子的課業，只要到了新環境，母親第一件事情就是給兩個兒子找學校。兩個小兄弟的學業，不但沒有被耽誤，而且，施敏還比同班同學，早了一年畢業。

## 淘氣，學生帽事件

施敏比弟弟大兩歲。1948 年到台灣，施敏到建國中學，就讀初二，接著考上建國中學高中部。在學校，施敏幾乎可說是個天才型的學生，考試成績優秀，總是班上的前幾名，幾乎沒有任何考題可以難得倒他。偏偏，他又特別喜歡發問，這導致許多老師覺得他淘氣，不太喜歡他。

初二下學期，有一天，施敏被教官攔下來，說他戴的帽子不對，說那不是學生帽，要他換掉。施敏一邊辯解，說自己戴的真是學生帽，同時一邊拿下帽子，翻開裡面，果真印了三個大字「學生帽」。教官一看大怒，覺得施敏態度惡劣，大聲喝斥說要把他開除。

在那個教官說開除就開除的年代，還好有個特別疼愛施敏的數學老師，易緒瑾，為施敏說情，最後才讓施敏有機會，留校察看。

## 高中，操行成績開低走高

　　升上高中，施敏喜歡向老師發問的習慣，還是沒變。

　　課堂上，施敏的提問，老師們常常答不出來，或者，施敏常對老師給的答案不太滿意，點點滴滴，讓很多老師感到不快。其實，施敏就是不懂才想要問，而把老師問倒，並不是他的本意。偏偏老師們常常沒能好好回答或講清楚，就已經覺得尊嚴被冒犯，而開始生氣！

　　就這樣，高一，施敏的操行成績，拿了個丙，老師給的評語是「輕浮」。還好，母親很清楚，施敏從小頑皮的毛病，就只是喜歡問問題，因此，並沒有責難他。

　　高二，施敏的命運出現大轉彎。教歷史的禹文貞老師，對施敏簡直欣賞極了。一回，施敏身體不舒服，好幾天沒上學，請了幾天病假之後，回到學校的第一天，就遇上歷史課的小考。施敏當然沒有準備，考卷發下來，有很多題目他也不會答，結果，等成績公布，施敏竟然還是拿了滿分。

　　原來，禹老師一看是施敏的考卷，不用看答案是否答對，就直接給了滿分！這一年，施敏的操行成績是甲上，老師給的評語是「聰明活潑」。

## 娛樂，收音機與電影

施敏的學生時代，實在沒有什麼娛樂。在還沒有電視和電腦的年代，家裡唯一有的，就是一台小小的無線電收音機。

到了高中，不讀書時，唯一的娛樂，就是看電影。施敏說，每次到了周末，就能夠看到建中和北一女的學生，排隊看電影。身穿綠衫的，都是北一女的，建中則身穿黃襯衫，兩條隊伍排著，等著看電影。

## 大學，選自己的路

面對大學入學考時，施敏曾經想過，要繼承父志。當時台灣只有台南工學院，也就是如今的成功大學設有礦冶系，施敏考取了。但是，父親說，台灣是水層岩不是火層岩，所以礦藏不多。因此，施敏放棄了就讀礦冶系。

施敏也考取了台灣大學，在決定要讀哪個科系時，施敏請教了學長。

數學成績相當不錯的施敏，暗自想著要學工科，但該選什麼系，還是有點拿不定主意。當時台大工學院有四個系，分別是機械系、土木系、化工系與電機系。施敏聽說

電機系的數學及物理都要很好，靠著對自己的數學相當有信心，所以，決定報考電機系。

考上台大電機系以後，又有一個選擇題等著施敏。電機系裡又分兩組，分別是電力組及電訊組。由於電訊組用的數學與物理比較多，所以施敏自己決定，選擇電訊組（Telecommunication）。大四開始寫學士論文，題目是「電容與感應器之震盪器（LC Oscillators）」，論文導師是李舉賢教授。

## 下一站，飛向世界

1957 年，施敏從台灣大學畢業。緊接著，他必須服預官役（第六期），到岡山及新竹受訓 18 個月。那時候，施敏大學的同班同學，幾乎各個都準備出國。服役期間，施敏也做好了出國的準備。

施敏順利申請到位於美國西雅圖的華盛頓大學（University of Washington）深造。1959 年 3 月，23 歲的施敏，在台北松山機場揮別雙親，飛到美國西雅圖。這是他第一次搭飛機，也是他長這麼大，第一次跟父母親遙遠地兩地相隔。

　　來到美國，在華盛頓大學有位中國教授，是上海交大畢業後到美國的魏凌雲教授。魏教授專門研究固態電子（Solid State Electronics），剛好在找研究助理。就這樣，施敏找到了碩士論文的指導教授。他在華盛頓大學的實驗室裡，迅速展開他與半導體的最初接觸。碩士論文題目是「Diffusion of Zinc and Tin in Indium Antimonide」，此文於1961年發表於 Physics Review, Vol. 124, p. 84.

　　碩士學位讀得很順利，快畢業了，施敏決定繼攻讀博士學位。指導施敏電磁學的教授，是哈佛大學畢業的，他認為總是在班上考第一名的施敏，應該選擇哈佛大學。不過，施敏最後選擇了史丹福大學，因為哈佛大學沒有電機系只有應用物理系，而史丹福大學的電機系相當有名。再者，施敏同班同學李天培和毛鑫已經先來到史丹福大學修博士。

（註）

**易緒瑾**

施敏建國中學（初中）的數學老師，對施敏十分疼愛。靠著他出面說情，施敏才得以免被學校退學，而留校察看。

**禹文貞**

施敏建國中學（高中）的歷史老師，對施敏十分欣賞。幾乎一看到施敏的考卷就批一百分。

**毛鑫**

施敏台大電機系同班同學。美國史丹福大學電機博士。

環球拓晶股份有限公司董事長、美國光寶公司董事長、曾任職 TI, Raytheon 及 UTL 多年。

**李天培**

施敏台大電機系同班同學。美國史丹福大學電機博士。

美國普林斯頓大學電機系顧問、曾任貝爾通信研究中心（Bellcore）光電部門主任、美國國家科學基金會電子通訊部門主任、國際電子電機工程學會會士 (IEEE Fellow)、美國光學學會會士 (OSA Fellow)、中華光電學會會士 (PSCA, Photonic Society of Chinese Americans, Fellow)。國立臺中第一高級中學校友。

# 施敏的雙親

　　施敏的雙親，都受過很好的教
育。母親畢業於清華大學外文系，
父親則是留學法國的礦冶專家。

1933 年，在那個很少女孩子讀大學的年代裡，施敏的母親，自清華大學外文系畢業。

## 母親，最佳導師

施敏的母親齊祖詮女士（1911～2002），吉林省伊通縣人，擁有很好的中、英文造詣。她不但是施敏的啟蒙老師，更給了他人生方向的指引。

為了希望能夠更了解自己的孩子，適合走哪一條路，甚至在他們的人生旅途上，做出建議，施敏的母親，在動盪的年代裡，靠著函授課程，長時間地鑽研人相學，包括手相及面相。

母親告訴施敏，他適合朝學術界發展，而且，跟五行「金、木、水、火、土」中的「金」，最有緣份。

母親飲食清淡，晚年雖然身體羸弱，但很高壽，享年九十一歲。母親過世後，施敏悉心整理她的手稿，結集出版「人相簡述」一書。書中所有內容，都是母親的親手筆記。凡是看過這本書的人，都會對施敏母親的中文造詣，表示由衷的佩服與讚嘆。

施敏記得，小時候做功課，母親總是陪在一旁。作業寫完了，便給母親過目，如果有做錯了、或不懂的地方，

母親就會盡量幫著更正。

　　根據施敏自己的分析，他的課業能夠有好成績，最重要的關鍵，應該是他能夠一坐下來，不到一分鐘，馬上就能夠很專注、心無旁騖地做功課。

## 父母身教，學習典範

　　施敏不抽煙、不喝酒、生活規律、飲食清淡、不吃海鮮與鴨子。這一切，都受到了父母親的影響。施敏認為，父母親的身教及身體力行，對他的影響相當深遠。

　　施敏有印象，父親早年好像也抽菸，但後來就不抽了，所以他與弟弟都不抽菸。施敏的父母不喝酒，所以兩個兄弟也不喝酒。「還有更糟的」施敏說，「在昆明的時候，我父母親都不吃魚，所以我到現在為止，也不吃海鮮」。至於鴨子，則是受了父親的影響。因為施敏的父親說，鴨子太肥了，不吃鴨子。

　　「小時候，受父母親的影響真的很大呀！」，施敏這麼說。施敏認為雙親的身體力行，做得非常好，為他樹立了很好的身教典範。至於父母親對施敏的期望，施敏則說，雙親從來沒有提過對他們兄弟倆的期望，或者提過希望他們長大以後作什麼事情，唯一就是要他們，「好好讀書」！

## 父親，礦冶專家

施敏的父親施家福先生（1906 ～ 1998），江蘇吳江市震澤鎮人（吳江市現劃歸蘇州市），是一位礦冶專家，在礦冶界可說是大名鼎鼎。

少年時代的施家福，在上海讀完大學，於 1927 年到法國巴黎礦冶專科學校留學。1933 年畢業後回國，在昆明煉銅廠任職，負責拉銅線的工作。別人拉銅線一拉就斷了，但施家福想辦法研究，終於完成艱鉅的使命。

眼見著施家福英雄少年，在礦冶業，擁有無限美好的希望與前途，但隨著政府宣布對日抗戰，從此，施家福的工作與生活，不斷出現變數。

1939 年 5 月有一天，日本飛機來轟炸，施家福左眼受了傷，由於來不及好好醫治，才三十三歲的施家福，從此盲了左眼。

對日抗戰勝利以後，施家福先是被調往東北，負責東北金屬礦冶公司的營運，之後輾轉被調到台灣來，擔任台灣金銅礦務局局長，負責公司的營運。

台灣北端，緊鄰九份、位於瑞芳區的金瓜石，有一所美麗的學校「時雨中學」。這所學校，就是施家福任職於台灣金銅礦務局時，所創辦的。由於金瓜石多雨，幾乎是

時時都在下雨，所以施敏的父親，就給學校取名「時雨」。
沒想到，因為這個名字，他還被人給告了一狀！以水滸傳
裡面有個宋江，外號「及時雨」這種莫名其妙的罪名，說
施家福意圖造反。還好，這件事終究平和落幕。

　　1961 年，奮力革新的「中國礦冶工程學會」設置了
七個委員會，其中，冶金委員會的召集人，就是施家福。
這一年，施家福負責籌辦舉行「發展鋼鐵工業座談會」，
重點放在探討鋼鐵資源及市場、設備投資及生產成本、設
立一貫性作業鋼鐵廠之可能性，以及資本如何形成。十年
後，1971 年，由政府出資，台灣成立了第一家鋼鐵企業，
中國鋼鐵（簡稱：中鋼）。

　　留學法國的施家福，因為懂法文，所以被派到非洲，
擔任經濟參事。1964 年政府派了幾位專家一起去調查礦
產，浩浩蕩蕩的兩部吉普車載著一行人，出發考察。

　　沒想到，半途出了車禍，在強烈撞擊之下，施家福的
右眼受傷，造成視網膜脫落。而同行的其他六、七個人則
繼續行程，他們上了直昇機，才剛起飛不久，飛機失事，
機毀人亡。施家福雖然眼睛受傷，但性命保住了。經過二
次開刀，視力恢復了八成。

　　施家福曾任教於台北工專（國立台北科技大學）礦冶

工程系並擔任系主任，將他豐富的礦冶經驗，傳承給年輕學子。1976 年，在中國礦冶工程學會建會五十週年的慶祝典禮上，施家福回顧了他參加礦冶行列的奮鬥史，這段分享，被喻為是中國礦冶建設史的重要記錄。

　　1996 年 10 月 22 日，中國礦冶工程學會成立七十週年，特別頒發「勳績獎章」給施家福，表彰他對中國礦冶工程學及中國礦冶建設，所做的貢獻。只是當時施家福身體不適，由夫人代表出席領獎。當時，擔任中國礦冶工程學會理事長的，正是欣銓科技董事長暨旺宏電子總經理盧志遠，與鈺創科技董事長盧超群兩兄弟的父親，盧善棟。

　　對施敏來說，父親忙著在外探礦、經常不在家，他沒辦法像母親一樣，時刻陪在孩子的身旁。

（註）

盧善棟先生（1917 ～ 2009）福建福州人，1943 年畢業於交通大學唐山工學院礦冶工程系，1954 年攜家眷從香港來臺。

曾任經濟部中國煤礦探勘處處長、經濟部專門委員、礦業司副司長、礦業司司長，致力礦業建設。

歷任中國鑛冶工程學會理事、常務理事、監事、常務監事、總幹事及理事長。

總編「鑛冶」會刊，獲頒行政院新聞局「金鼎獎」。監修〈鑛冶辭典〉。

2009 年，中國鑛冶工程學會追贈「終身貢獻獎」。

# 施敏的母親

　　施敏的母親，對他的影響很大。她給了施敏，聰明的頭腦，培養了他專注的習慣。在顛沛年代，照顧施敏學業不輟，開啟他接觸音樂的大門。此外，更指引了他人生方向。

## 給母親的生日禮物

1960 年，3 月 21 日（陰曆 2 月 24 日），是施敏的母親五十歲生日，這一年也是施敏的父母親結婚二十五周年。

23 歲的施敏，剛去美國華盛頓大學讀了一年碩士，開始接觸半導體。台灣的電視這一年才剛剛開播，家裡有電視的人並不多，收音機還是許多人最主要的閒暇良伴。施敏從美國給母親寄回一卷錄音帶，做為送給母親的生日禮物。

施敏自己錄的這卷錄音帶，全長 33 分 35 秒。在裡面，他為母親吹奏了 17 首口琴演奏曲，其中第 15 首民族自由序曲（William Tell Overture）難度很高，學過口琴的人都知道，演奏這個曲子需要五個口琴、需要很好的體力與技巧。

這卷錄音帶，對施敏的母親而言，是一份很特別的禮物。思念孩子的時候，她可以一聽再聽。輕快的旋律，輕巧換氣的吹奏技巧，讓她一方面感受到施敏的青春活力及靈活頭腦，一方面也對施敏的健康，感到放心。

多年以後，施敏發現母親把這卷錄音帶保存得很好，只是因為年份太久，錄音帶有點膨脹，聲音低了 10%。透過電腦控制微調及數位訊號處理技術（DSP），施敏找到專

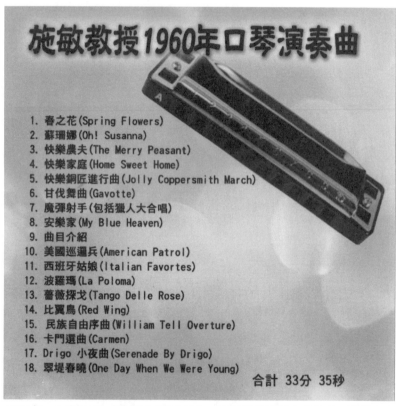

# 施敏教授1960年口琴演奏曲

1. 春之花(Spring Flowers)
2. 蘇珊娜(Oh! Susanna)
3. 快樂農夫(The Merry Peasant)
4. 快樂家庭(Home Sweet Home)
5. 快樂銅匠進行曲(Jolly Coppersmith March)
6. 甘伐舞曲(Gavotte)
7. 魔彈射手(包括獵人大合唱)
8. 安樂家(My Blue Heaven)
9. 曲目介紹
10. 美國巡邏兵(American Patrol)
11. 西班牙姑娘(Italian Favortes)
12. 波羅瑪(La Poloma)
13. 薔薇探戈(Tango Delle Rose)
14. 比翼鳥(Red Wing)
15. 民族自由序曲(William Tell Overture)
16. 卡門選曲(Carmen)
17. Drigo 小夜曲(Serenade By Drigo)
18. 翠堤春曉(One Day When We Were Young)

合計 33分 35秒

1960 年，3 月 21 日（陰曆 2 月 24 日），施敏的母親五十歲生日。正努力攻讀學位的施敏，特別從美國錄回一卷錄音帶，他親自吹奏了 17 首口琴演奏曲，祝母親生日快樂。（多年以後，施敏將錄音帶轉錄到 CD）

家，成功地將錄音帶的內容，調回當初的音質、去掉雜訊，並轉錄到 CD 上。

## 聰明、文筆好

施敏相信，男孩子的頭腦，受母親的影響比較大，女孩子則受父母親相同的影響。他認為，母親給了他好的頭腦，讓他在學習時，占了很大的便宜。

施敏的母親，齊祖詮，生於 1911 年，吉林省伊通縣人。清末民初，她的父親是天津市的市長，大伯父及二伯父分別是浙江省及江蘇省的省長。齊祖詮的祖母作壽，幾個兒子就會把全中國最好的戲班，請到家裡來唱戲，連唱一個月，包括梅蘭芳等名角，都給請來了。

來自這樣的家族，讓齊祖詮有機會受很好的教育。1933 年，她從清華大學外文系畢業。大學畢業以後不久，齊祖詮與施家福於 1935 年 3 月在北平結婚，1936 年 3 月，第一個孩子報到，就是施敏。二年後，她又有了一個男孩，這是施敏的弟弟施存。（註）

## 培養孩子好習慣

輾轉來到台灣的那一年，施敏 12 歲，弟弟 10 歲。在那之前，迫於大環境的因素，齊祖詮不斷地為兩個兒子找學校，幾乎是一年或一個學期就換一個學校。

施家福因為工作的關係，必須常常在外面奔波。教養

兩個孩子的責任，自然落在身為母親的齊祖詮身上。

施敏說，母親對於兩個小兄弟的讀書問題，簡直是列為最重要的事情。她看著孩子讀書，也看著做數學習題，她讓施敏養成了讀書很容易專心的習慣。

## 音樂怡情

除了培養孩子好好讀書、早睡早起、生活規律等好習慣，齊祖詮也開啟了施敏接觸音樂的大門。她希望施敏學點音樂，調劑身心，不會一天到晚只有讀書。

施敏說，當時鋼琴太貴，實在買不起，所以母親給他買了小提琴。施敏跟隨司徒興城老師學習小提琴，從初中、高中到大學，大約學了 10 年的時間。但施敏表示，自己在小提琴上的天才不太夠，所以，後來口琴成了他最大的興趣。

## 口琴獨奏

施敏 12 歲時，齊祖詮在上海街頭看到中華口琴會招生的海報，就幫施敏報了名。施敏先是到初級班學了一個月口琴，接著又到高級班及獨奏班各學了一個月。

來到台灣，施敏又參加了中華口琴會台灣分會的基本

２０００年，家族大團圓，這一年施敏的母親齊祖詮女士９０歲，兩個雙胞胎曾孫女，身穿大紅色中國服裝，模樣可愛，前排右一為施敏的舅舅齊志學先生。第二排左起是媳婦（顧凱南）、施太太、弟弟施存，第三排是施迪凡及施敏。

口琴隊及交響口琴隊。進了大學，施敏也參加學校的「藍聲口琴會」（現改名「藍聲口琴社」）。

　　成立於 1954 年 5 月的「藍聲口琴會」，會員 60 人，施敏擔任指揮。9 月起升上大二的施敏就接任會長，會員也增至 80 人。在第九屆（1954 年 11 月）台大校慶的演

奏會上,「藍聲口琴會」的表演曲目中,還有施敏的口琴
獨奏。

多年以後,施敏受邀回台大「藍聲口琴社」演講,有
位學弟問他,「吹口琴,對工作有沒有影響?」施敏的回
答很正面,他說,「有影響,而且是好的影響」。口琴演
奏需要體力,更需要靈巧的頭腦。當年台大「藍聲口琴會」
裡有兩名琴藝很好的會員,施敏和梅強中,後來都成了中
央研究院的院士。

## 人相學造詣

研究人相學多年,齊祖詮很早就對施敏說,他的命裡
有金,金對施敏很好。沒想到,到美國進修的施敏,博士
論文做的正是與金子有關的研究。

齊祖詮還對施敏說,他適合走學術的路,如今看來,
她又對了。

（註）
施存生於 1937 年 8 月 13 日,台大化工系學士,美國 Wisconsin 大學
化工碩士及生化工程博士。曾任職 Merck 公司及 Beckman 公司,後加
入美國聯邦食物藥品管理局（FDA）擔任 Investigator,負責歐洲及亞
洲(包括大陸、台灣、韓國及澳門等地)醫藥器材銷售美國之檢驗及
核准工作,於 2002 年退休。現在舊金山「亞洲博物館」擔任義工。

# 施敏的好習慣

　　施敏說自己受父母親影響很大。做事專注、早睡早起、規律生活、清淡飲食，是一輩子奉行不悖的好習慣。

## 專注

　　也許是從小接受母親訓練的關係。一般人坐下來之後，大概很長一段時間才能專心，但是施敏坐下來，只需一分鐘，注意力就能夠集中讀書了。從初中、高中、大學、研究所、博士班，課業成績一直很好的施敏，要問他讀書有什麼秘訣，他給的答案很簡單，就是專注。

　　在既沒有電視、電腦，也沒有電玩及手機的年代，施敏的生活很單純，唯一擁有的娛樂，就是一個小小的無線電收音機。除了收音機，另外一項課外娛樂，就是看電影。

　　1957 年，施敏從台灣大學電機系畢業。三年後，1960 年，台灣才首次出現電視。1962 年，台灣電視公司才開播。至於電腦，則是再過二十年的事。1981 年 8 月 12 日，IBM 推出了編號 IBM5150 電腦。

　　「現在一般學生接觸外面的東西太多了，所以很難專心。我能夠了解，為什麼很多人幾乎沒有時間讀書」，施敏說，他懷疑人類的腦筋是否可以同時多功運作，至少他個人覺得很難。

　　施敏讀書，總是很專心、很安靜，吸收力很強。他擔心年輕人會因為上網路找資料太方便，而抹煞了自己動腦筋、窮究探索而觸發的創造力。他說，「資訊越多，創造

力可能越差」。

　　資訊不是知識，掌握資訊不代表就掌握了創造力。隨著資訊取得越來越容易，施敏擔心，知識水準、智慧及創造力，都隨之下降。

## 早睡早起

　　跟施敏同班或同寢室的同學都知道，施敏早睡早起，從不熬夜。高中時代的施敏，晚上大約八點半上床；讀大學時，稍微晚一點，也是大概九點半就睡覺，不管明天有再大的考試都一樣。

　　常常是，大家都還在猛K書，施敏已經說他要去睡了。早睡、又睡這麼多的施敏，每回考試，卻總是考得很好。

　　為什麼可以做到這樣呢？施敏說，「因為母親很重視我們的功課，我只要一有功課就好好做，什麼功課我都很重視」，白天隨時都準備好，晚上自然不必再熬夜。施敏兩兄弟培養起很好的讀書習慣，兩個人的課業成績都很傑出，大學入學考試，施敏於 1953 年考上台大電機系，弟弟則於 1955 年考上台大化工系。

## 生活規律

　　早睡早起的施敏，每天清早，大約六點多起床。早起的施敏，會看看書、寫寫字。每天傍晚時間，他會穿上運動鞋，去走路。這麼規律的生活，數十年如一日。

　　施敏的父母親生活非常規律，兩人都很高壽，父親享年九十三，母親享年九十一。施敏說，母親的生活非常規律，而且喜歡吃很清淡的東西。

　　有一件小事，可以看出施敏的母親，生活規律的程度。長年寫日記的她，晚年仍舊維持著這個習慣，一天一行字，從不間斷。

　　施敏記得剛交女朋友時，邀請她到家裡來吃飯。吃過飯，女朋友忍不住就問施敏，「你們家的菜，怎麼都是少油沒鹽的？」。清淡，是施敏從小就習慣的味道。

　　施敏的女朋友是東北人，吃辣椒吃得很厲害，後來與施敏結婚，成了施太太。施太太為施敏做了一些訓練，所以，現在連段數相當高的辣椒，施敏也可以吃了。

# 施敏的人生觀

『宋人或得玉，獻諸子罕，子罕弗受。獻玉者曰：以示玉人，玉人以為寶也，故敢獻之。子罕曰：我以不貪為寶，爾以玉為寶，若以予我，皆喪寶也，不若人有其寶』

~ 錄左氏傳 五十八年初夏
凌鴻勛

## 腳踏實地，不投機取巧

1936 年誕生，施敏雖然出生在戰爭紛擾的年代，但在雙親安排下，一次又一次地轉換環境，終於在台灣安定下來，他與弟弟順利完成初中、高中及大學教育。到美國之後，施敏的學業、工作、家庭，每一步都走得順利美滿。

施敏覺得，自己很幸運。他認為，一個人的事業，如果有點成就的話，大約不離四個要素。而這四個要素當中，只有一個，是自己可以完全控制的。

哪四個要素呢？第一，是「父母雙親」。這是任何人都沒法選擇的，你是誰的孩子，出生在什麼樣的家庭，全賴老天安排。父母親對孩子的學業是否關心？是不是願意、也有能力盡量培植你，這是第一個要素。

其次是「大環境」。施敏開玩笑說，如果自己是生在非洲，那就完了。因為，如果大環境迫使你連三餐都吃不飽了，那根本就別想讀書了。還好自己雖然生在南京，還因為戰爭的關係四處遷徙，但每到一個地方都能很快安定。來到台灣，就完全沒有問題了。施敏從初二到大學畢業，在台灣受完整的養成教育。

第三是「工作」。施敏因為聽了他在史丹福大學博士班的指導教授 John L. Moll 的建議，選擇了貝爾實驗室（

Bell Labs）。那正是貝爾實驗室的黃金年代，不但研發資源豐沛、人才濟濟、而且對於人才十分禮遇，施敏在貝爾實驗室任職 27 年（1963 ～ 1989）。

施敏認為，父母、大環境及工作的職場，都不是你能控制的。唯一可以掌握在自己手裡的，就是「讀書時，好好讀書，做事的時候，好好做事」。這一點，施敏確實做到了。

施敏作事盡力，從來沒有動過投機取巧的心思。他的生產力驚人，做起研究，成果往往是別人的三倍以上。以研究論文的發表來說，一般人每年發表兩、三篇，已經相當不容易；但施敏卻能一年就發表十幾篇，令人稱奇。他還記得，實驗室裡有一大張桌子，當桌面堆滿文件時，就是他正在進行密集研究，等研究得到結果，寫完論文發表，桌上就會出現難得的淨空。一年到頭，就這樣一回又一回地堆滿、淨空，再堆滿、再淨空。

## 不貪？不貪！

1969 年 7 月，施敏結束在交通大學為期一年的「董浩雲講座」，正準備返回美國貝爾實驗室，這時候，他收到了一份很特別的禮物。

　　當時上海交通大學前校長凌鴻勛，是該校在台灣復校的關鍵人物。他很高興施敏來交大服務一年。眼見這位帶給交大全世界最先進半導體知識的年輕教授即將離開，他親筆寫了一份墨寶，送給施敏作紀念。

　　凌鴻勛校長摘錄了左傳的一段文字。這段文字大意是：「有個人捧著一塊美玉要獻給子罕，為子罕所拒。這個人就說，我特別將這塊美玉請懂玉的人鑑定過，他說是十分珍貴的美玉，所以才敢奉獻給您的呀！這時候子罕就說，我認為不貪的心是寶，你則以美玉為寶，如果今天你把美玉給了我，那麼我們兩個人就同時失去最寶貴的東西了，不是嗎？我看哪，還是讓我們各自珍惜自己的寶吧！」

　　做人，正應該以不貪為寶。施敏十分喜愛這段寓意深遠的文字，這段文字，也跟施敏的人生觀，正好不謀而合。

　　施敏認為，世界上差不多所有的問題，都是因為「貪」的關係。貪財、貪名、貪利、貪權，都會引發問題。他相信，如果大家都可以不貪，那麼就能夠活得很愉快！我們老祖宗造字很妙，「貪」與「貧」二個字幾乎相同，筆劃也相同。「貪」的結果會變成「貧」，不可不慎。

　　多年以來，施敏已經將這份墨寶，複製多份送人。當他知道，交通大學特別設立了專門珍藏凌鴻勛校長墨寶的

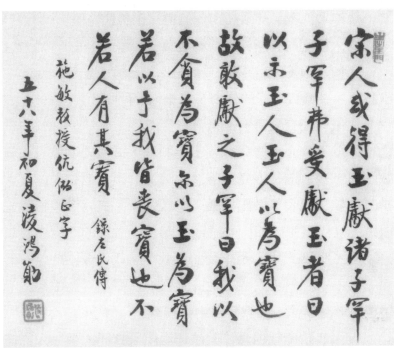

宋人或得玉獻諸子罕
子罕弗受獻玉者曰
以示玉人玉人以為寶也
故敢獻之子罕曰我以
不貪為寶爾以玉為寶
若以于我皆喪寶也不
若人有其寶　錄左氏傳
施敏教授伉儷正字
五十八年初夏 凌鴻勛

1969 年 7 月，施敏結束董浩雲講座，交通大學前校長淩鴻勛特贈親筆墨寶。

地方時，他馬上就將這份原版墨寶，捐給了交通大學。

## 前瞻，眼光放遠

施敏似乎總是很享受工作。他說，在美國貝爾實驗室做了二十七年研究工作，樂在其中。1990 年到交大任教的

二十幾年來，多了行政任務，但也一樣勝任愉快。

　　交大校園內有兩棟重要的建築，「電子資訊研究大樓」及 「奈米電子研究大樓」，都是由施敏負責監督興建的。施敏說，要負責這樣的任務，真是大學問哪！

　　施敏擔任交大電子資訊中心主任（1990 年～ 1996 年）之初，電子中心大概只有五十坪的地。這樣的窘境看在施敏眼裡，知道這是很急迫應該要解決的事。他首先向交大當時的校長阮大年做出提議，施敏強調，交大應該把眼光放遠，交大電子資訊中心應該成為自由中國的四大中心之一（ 註：此四大中心是李國鼎資政建議政府成立的）。然而，電子中心只有立錐之地簡直沒辦法做事。施敏建議，學校應該想辦法，向教育部申請經費。

　　阮大年請施敏估算，興建一座電子資訊大樓，大約需要多少經費。於是施敏找了交大土木系的黃世昌教授幫忙，黃世昌找喻肇川建築師事務所設計，一番評估，大約需要新台幣五億元。

　　按照施敏提議的空間需求，交大向教育部提出申請，但教育部以經費有限為由，沒有一下子就答應交大。

　　施敏沒有放棄，他轉向國防研究基金商借這五億元，國防研究基金願意借款的唯一條件是必須每年支 5% 的利

電子資訊研究大樓。1993年9月開工，1996年3月竣工，興建期為二年半。

息。當準備向國防研究基金借款並支付利息的報告，上呈到教育部後，幾經權衡，教育部最後決定，支持交大。

就這樣，以新台幣五億元的預算，交大建造起一棟樓板面積六千四百坪、平穩方正、十分美觀的「電子資訊研究大樓」。此大樓於1996年3月竣工，施敏請了李國鼎資政為「電子資訊研究大樓」題字，開幕時，也特別邀請李資政親臨剪綵。

１９９６年「電子資訊研究大樓」啟用，敦請李國鼎資政剪綵。第一排左起：史欽泰、張俊彥、李國鼎資政、施敏。（註１）

## 奈米大樓之興建，只花一年半

卸下交通大學電子與資訊研究中心主任職務不到兩年，施敏又被聘為國研院國家奈米元件實驗室（NDL）主任（1998～2004）。

當時 NDL 大概只有一百多坪，施敏認為這樣小的地方，幾乎沒有辦法好好做實驗。於是他向當時的國科會主

任委員黃鎮台，做了深入的說明。

施敏強調，半導體是台灣「鎮國之寶」，半導體技術的研究發展很重要，假如不能前瞻未來十年到十五年，而只看眼前短期的營運及獲利，這樣是很危險的。而為了要能夠往前看十年，NDL 就必須擴大才行。施敏的建議，同時獲得黃鎮台主委與李國鼎資政的支持。施敏很快提出一個計畫書，對 NDL 的實驗室及空間需求，做了深入詳細的規劃，同時，他也找了一位交大土木系的王維志教授幫忙。王維志找了潘冀聯合建築師事務所以及群策工程顧問股份有限公司負責設計。沒想到，計畫書才交到國科會沒幾天，國科會主委就換人了。新任主委翁政義看過計畫書後，準備將 NDL 搬往台南。但施敏不同意，他認為，當時整個半導體產業的公司都群聚新竹，彼此有緊密合作、互動頻繁的產業鏈關係。一旦 NDL 搬到台南，將失去這項優勢。因此，他堅決反對。

就這樣僵持了幾個月。沒想到，國科會主委又換人了。這一回換上了魏哲和。魏哲和看過計畫書後，知道這件事的急迫性與重要性，上任第二天就提筆核簽。

好不容易爭取到新台幣十億元，奈米電子研究大樓隨即動工。

　　興建奈米電子研究大樓過程中，承攬廠商面臨許多不可抗力的物價波動，包括鋼筋及水泥都漲價，壓得廠商跑來向施敏哭訴，說他們將賠掉五千到八千萬元。

　　施敏安撫廠商，並向他們做出保證，只要他們全力興建好奈米電子研究大樓，未來新竹科學園區的廠商要蓋新廠的機會很多，施敏願意具名推薦。

　　工程果真繼續開動。但不久之後，廠商又苦著臉來商量了。這回的提議是，如今在虧錢的情況下，電梯是不是可以不做？

　　怎麼辦呢？八層樓的建築不做電梯，這簡直是開玩笑。最後，施敏只好想辦法。

　　施敏對園區廠商負責人（很多人是施敏的學生），發出了三十封信，希望大家捐款支持此奈米大樓。這封信隨即獲得台積電、聯電、旺宏三家公司各捐了一百萬元，漢民、鈺創、台灣應用材料各捐了五十萬元，此外，鴻海及翊埕等公司也參與捐款，這才解決了電梯的問題。

　　雖然不懂土木，但施敏找到土木專家來負責，並充分授權。樓板面積一萬一千坪、樓高八層的奈米電子研究大樓，只花了一年半的時間，就興建完成。對於這樣的效率，施敏盛讚，交大土木系教授王維志應居首功。

奈米電子研究大樓。２００２年８月開工，２００４年２月竣工，興建期為一年半。

施敏說，王維志也是一個剛直不貪的人，他和廠商一起討論事情的時候，連咖啡錢都自己掏腰包，廠商一看就知道絕對不必想送紅包那一套，牢牢靠靠把事情辦好才是關鍵。

能夠找到專業與操守兼具的好幫手，施敏說，最應該感謝的，是交大前校長鄧啟福的智慧與推薦。

奈米電子研究大樓興建的品質與效率，有目共睹。營

建此大樓的廠商（註2）的確在這個案子上虧錢了，但他們也因此獲得施敏給予的肯定與推薦。後來，新竹科學工業園區很多新廠房的興建，都找上了這幾家公司。

奈米大樓於 2004 年 2 月竣工，施敏請了「半導體工業最重要的推手」孫運璿資政為「奈米電子研究大樓」提字。開幕時，也特別邀請孫資政親臨剪綵。

交大校園內唯一面對荷花池的美麗建築「電子資訊研究大樓」，以及肩負半導體前瞻技術研發的「奈米電子研究大樓」，都在施敏擔任主任期間，順利興建完成。

（註1）
史欽泰先生時任工業技術研究院院長，2004 年起擔任國立清華大學科技管理學院院長，2009 年 8 月起擔任資訊工業策進會董事長，現任國立清華大學科技管理學院講座教授，工業技術研究院特別顧問。

（註2）
負責「奈米電子研究大樓」的機電廠商為：同開科技工程股份有限公司。土建廠商為：祥輝營造股份有限公司。電梯廠商為：台灣超技電梯工業股份有限公司。。

# 兩位貴人

　　施敏總覺得自己很幸運，能在人生最關鍵的時刻，遇上許多貴人。他特別感謝的二位貴人，是他在史丹福大學的博士論文指導教授 Dr. John L. Moll，以及他在貝爾實驗室的部門主管 Dr. Bob Ryder。

## 取得博士學位

人的一生，必須做出許多選擇。做出決定之前，聽取導師或前輩的建議，常常是最明智的一件事。

談起影響最深遠的貴人，施敏第一位提到的是，他在史丹福大學修讀博士時的指導老師 John Moll 教授。

1963 年 3 月，施敏取得史丹福博士學位。他的博士論文題目「Range - Energy Relation of Hot Electrons in Gold」，是在半導體上長一層薄薄的金薄膜，研究熱電子在薄膜中間的傳輸情形，此文於 1964 年發表於 Solid State Electronics, Vol.7.p.509.。

當時的大環境，所有半導體公司都在擴張，正積極地吸納優秀人才。貝爾實驗室（Bell Labs）有位 James Early 博士，特別到史丹福大學招募研究人才。James Early 博士看好施敏，特別請他到 Bell Labs 面試。

在很短的時間內，施敏連續獲得七家公司與機構的賞識，除了 Bell Labs，還有 RCA、General Electric（GE）、Westinghouse、HP、IBM…等公司，都等著他確認上班。

## 七選一

論薪資酬勞，這些公司提供的條件都相當不錯，年薪

大約在一萬二千美元至一萬四千四百美元之間。最高的是 GE，最低的是 Bell Labs。

看工作內容，GE 有一個功率半導體部門 (Power Semiconductor Division) 非常欣賞施敏，所以允諾很高的薪水。IBM 則希望施敏加入顯示部門 (Display Division)。至於 Bell Labs 則希望施敏加入半導體部門 (Semiconductor Division) 的研究團隊。

面對這麼多機會，施敏一時不知該如何做決定。所以，他就去找自己的指導老師，John Moll 教授，好好地請益一番。

## 關鍵時刻的建議

在擔任史丹福大學教授之前，1952 到 1958 年期間，John Moll 教授曾任職 Bell Labs ，從事半導體元件的研發。以他對 Bell Labs 及施敏的了解，他極力主張施敏應該選擇去 Bell Labs。

已經成家、有一個小男孩的施敏，忍不住困惑地對 John Moll 教授說，「可是，Bell Labs 提供的薪資待遇，是七個工作的選擇中，最低的！」。

John Moll 教授告訴施敏，「Bell Labs 研究環境對你比

較好！」。他強調，剛開始的薪水低不重要，重要的是工作環境。而且，Bell Labs 的調薪速度很快，只要表現好，短短幾年時間，便可追上其他家公司。

當時擁有三萬名研究人員的 Bell Labs 有著國際一流的研究環境，是美國電報電話公司（AT&T）技術研究發展的重要基地。當時 AT&T 員工有一百萬人、年營業額大約一千億美元，每年提撥營業額的百分之三，約三十億美元，做為 Bell Labs 的研究經費。

傑出的國際人才、豐沛的研發資源、自由的創新風氣，使 Bell Labs 成為當年全世界最好的研究機構。

John Moll 教授還特別強調，施敏到了 Bell Labs ，可以接觸全世界最頂尖的專家。而且，Bell Labs 從 1947 年發明了電晶體之後，掌握了最尖端的電晶體技術，對於喜歡做研究的施敏來說，應該是最適合的環境。

聽了 John Moll 教授的建議，施敏回家跟太太商量了一下，就做了一個重大決定。他們開始打包，準備舉家從美國西岸的加州（California），搬到東岸的紐澤西州（New Jersey），迎接新生活。

## 老師慧眼識英雄

在美國西岸取得博士學位，到美國東岸展開工作。施敏進入 Bell Labs 後，盡情沈浸在研究工作裡。

他慶幸並感謝 John Moll 教授的真知灼見，指引他一條極為正確的道路。施敏說，他本來並不知道自己如此適合做研究，但指導教授卻似乎是老早就看出了。 John Moll 教授當初為施敏所做的分析，後來也都一一印證。

回想在 John Moll 教授門下的時光，施敏說教授給學生很大的自由及空間。研究題目訂定後，他們便得靠自己研究，施敏每個月見教授一次，報告最新的研究進度，如果有問題，就主動提出來與教授討論。

通常 John Moll 教授會靜靜地聽著施敏報告，等施敏的報告完畢後，他會提出二個問題。若這些問題是施敏沒有想過、或無法立即回答的，他便再去研究，下次見教授時，再針對這部份提出報告。

每次的互動都很有效率，也很有成果。二年的時間，John Moll 教授便點頭同意，施敏的博士論文過關，可以畢業了。

除了施敏， John Moll 教授門下還有一位得意門生，也是短短二年，便拿到博士學位。他就是台積電的董事長，

張忠謀（Morris Chang）。施敏 1963 年畢業，張忠謀 1964 年畢業，長施敏五歲的張忠謀，當時是德州儀器（Texas Instrument）的副總經理。

John Moll 教授這二位得意門生，後來都各展所長，對全球半導體產業，做出極高貢獻，而且他們二人的貢獻是互補的。張忠謀率領台積電，製造出大批內嵌有非揮發性記憶體的IC（NVSM-based IC chips）；而施敏的 NVSM 發明，則因為有台積電精良的製造，廣泛應用於人們日常生活及工作中的各種電子產品。

## 研究題目，只規定方向

1963 年，施敏進入 Bell Labs ，投入半導體的研究工作。在那兒，他遇到了人生中的第二位貴人。

那真是 Bell Labs 的黃金年代，也是研究人員的夢幻天堂。做研究時，有研究助理可以當幫手、可以買最好的機器，還可以接觸到全世界最頂尖的專家。當時 Bell Labs 有二十多個研究群，分散在不同地方。施敏所在的 Murray Hill 就有五千多名研究人員，其中一千多位是博士。跨領域的問題，只要敲個門，就能找到答案。

部門主管 Bob Ryder 博士，對施敏非常好。施敏最重

要的發明及最暢銷的著作，全是在他的支持下完成的。

一開始，施敏問 Bob Ryder 博士，該投入什麼研究議題。 Bob Ryder 博士給的答案很簡單，「只要跟矽（Silicon）相關，什麼題目都可以」。

Bell Labs 強調獨立研究，自己選定題目，自己努力研究，中間需要什麼資源或支持，就向主管去爭取。回想起來，施敏每次提出的要求，幾乎沒有一次是要不到的。

## 大力支持、效率管理

Bob Ryder 博士給施敏極大的自由，幾乎從來不管他做什麼研究，唯一管的就是研究完成後的每篇論文報告，在發表前，一定要經過他那一關。

在 Bell Labs 要發表研究成果，文章必須過三關，通過三審。一方面，不夠好的論文根本不能發表，另一方面，太好的論文，也可能不許馬上發表！因為太好的論文可能是世紀重大突破或牽涉到公司機密，必須先申請專利，所以也會被要求慢一點才公開發表。

## 靈光乍現的發明

傑出人才、對的方向、好的研究環境，激發卓越的研

究成果。

　　施敏展現驚人的研究力。二位技術助理幫著他做實驗，施敏的實驗室裡，經常是好幾個研究題目，同時進行著。在 1963 到 1972 年之間，施敏每年發表的論文，高達 10 到 12 篇。

　　施敏開創了數位時代的發明 — 非揮發性半導體記憶體（ Non-Volatile Semiconductor Memory — NVSM ），就是在午餐時，與同事韓裔姜大元（ Dawon Kahng ）邊吃邊聊，在餐巾紙上討論出來的想法。

## 半導體鉅著

　　施敏的第一本著作「半導體元件物理學」（ Physics of Semiconductor Devices ）也是在 Bob Ryder 博士的支持下完成的。

　　Bell Labs 規定研究人員，除了埋首做自己的研究，也必須在公司內部互相學習。兩個選項，一個是開課教別人，另一個是參加別人開的課，去當學生。當時施敏開了一門課，就叫做「半導體元件物理學」。

　　準備教材時，他發覺圖書館裡沒有什麼參考資料，大部份的書只講電晶體。施敏於是向 Bob Ryder 博士報告說，

他想動手寫一本半導體元件的書。

Bob Ryder 博士以行動支持施敏的熱情。不但給施敏一星期一天的時間寫書，還請打字助理替他打字、繪圖部門的同仁替他繪圖。此外，更提撥六千美元，做為資料蒐集費。

截至 1967 年底， Bell Labs 圖書館內，全世界所有半導體元件相關研究的 2000 多篇論文，施敏悉數蒐集。靠著 Bob Ryder 博士的大力支持，對半導體界影響深遠的鉅著，「半導體元件物理學」（Physics of Semiconductor Devices）由 Wiley 書局於 1969 年 5 月順利出版。

施敏沒有想到，這本書後來被世界各國以六種語言翻譯發行，被譽為聖經，而施敏的英文名字 Simon Sze ，更成為半導體界無人不知、無人不曉的人物。只是人們並不知道，施敏如此年輕，他這年才 33 歲。

施敏在 Bell Labs 任職 27 年（1963 年到 1989 年），完成許多精彩的研究，更做了二件大事。他由衷感謝 John Moll 教授及 Bob Ryder 博士，這兩位幫助他的貴人。

（註）

John Lowis Moll（1921～2011），於1952年取得俄亥俄州立大學博士學位。他曾任職於RCA實驗室（RCA Labs）。1952～1958年，他加入貝爾實驗室（Bell Telephone Laboratories）從事半導體元件的研發。1958～1970年擔任史丹福大學教授，1974～1996年加入HP。他是第一位提出以矽（Silicon）來取代鍺（Germanium）為最重要之半導體材料。

Robert（Bob）Ryder（1916～2001），於1940年取得Yale University博士學位後加入貝爾實驗室。初期從事真空管研究，1948年後研究電晶體與其他半導體元件。他是一位半導體先驅，對變容二極管（Varactor diode），高速開關二極管（High Speed Switching Diode）及微波放大器皆有重大貢獻。

# 羅曼史與小家庭

　　施敏於大學畢業時，參加一個天主教訪問團的活動，結識學妹王令儀。這位聰明美麗的學妹，後來成了他的太太，與他共同打造甜蜜的小家庭。

　　施敏的一雙兒女，兩人相差五歲。他們雖然在美國成長，但一直都跟父母親以中文交談。從 1968 年起，施敏的太太每十年為施敏及兩個孩子拍攝共騎腳踏車的照片，持續紀錄這個小家庭的成長與幸福。

　　施敏的太太王令儀，就讀台灣大學化學系時，比施敏晚幾屆，算是施敏的學妹。施敏與王令儀結識，是因為兩人同是天主教徒，曾一起參加台大方豪教授舉辦的環島訪問團活動，以兩個星期的時間，拜訪台灣各地的天主教堂。

　　這個訪問團的成員有二十幾位，參加活動時，施敏剛從台大畢業，王令儀還是大一的學生。活動結束後，有個星期天下午，施敏與王令儀在教堂不期而遇，王令儀就邀請施敏到家裡坐坐。

　　王令儀為自己的家人介紹施敏。她的介紹詞很簡短，只說「爸爸媽媽，這是我們訪問團的團員，他是我的學長」。

　　跳級就讀的施敏，這時才二十一歲，已經大學畢業，擔任第六期預備軍官，身穿空軍藍色制服，英俊挺拔，一表人才。斯文有禮的施敏，與王令儀的雙親一番交談後，給他們留下了很好的印象。

　　從此施敏開始邀請王令儀看電影，兩人的感情也越來越好。施敏常常暗自讚嘆，王令儀這個學妹不但反應快，而且記憶力驚人。問施敏最欣賞王令儀什麼，他說，「我覺得她比我聰明」。

## 越洋戀人

　　大學畢業後當完兵，施敏先到美國華盛頓大學（University of Washington）攻讀碩士學位，從此他與王令儀成了越洋戀人。那時打國際電話十分昂貴，兩人只能靠書信往返連繫感情。

　　三年的時間，王令儀在台灣讀大學，努力準備到美國讀研究所；施敏則一個人在美國，要適應新環境，更要努力研究剛剛接觸到的半導體技術。每星期兩個人靠兩、三封，甚至一天一封信，讓彼此安心，也給彼此鼓勵。

　　等施敏拿到碩士，要到史丹福大學（Stanford University）繼續讀博士的時候，王令儀也到美國來了，她順利申請到柏克萊加州大學（UC Berkeley）攻讀碩士。

　　從史丹福大學開車到柏克萊加州大學，只需要一個鐘頭。從此施敏與王令儀大概每週可以至少見面一次到二次。

## 1961 年結婚

　　1961 年，參加史丹福大學電機系博士資格口試（Qualifying Examination）的人數有一百人，只有五十人能夠通過。施敏順利地通過了史丹福大學的博士資格口試，

歡喜迎娶學妹王令儀，當時王令儀已經取得柏克萊大學的化學碩士學位。

由於雙方家長遠在台灣，都沒有能夠到美國參加婚禮。所以兩人結婚的細節，全靠同學們幫忙打理。就這樣，大家熱熱鬧鬧、開開心心地，幫著施敏與王令儀，打造了一場溫馨浪漫，永遠難忘的婚禮。

史丹福大學規定，通過博士口試之後，才有資格修博士論文。這時候，施敏只剩下完成論文，就可以拿到博士學位。

## 胖娃娃來報到

施敏與王令儀於 1961 年 9 月 9 日結婚，1962 年 9 月 14 日，他們的第一個孩子就誕生了，九磅十三盎司，大約 4.46 公斤，這小男孩是個標準的周年寶寶（anniversary baby）。

1963 年 3 月，施敏順利拿到博士學位，他與太太及兒子的合照，是寄給遠在台灣的家人最甜蜜的禮物。這一張照片是施敏人生的美好紀錄，他結婚生子、擁有嬌妻美眷，同時也順利畢業完成博士學位。

拿到博士學位後，施敏舉家從美國西岸搬到東岸，而

他也開始在貝爾實驗室上班。這時候，在台灣的爺爺奶奶及外公外婆，實在想看看孫子，所以王令儀就抱著兒子施迪凡，回台省親。這是小小施迪凡第一次回台灣。

王令儀把家裡及孩子照顧得極好，讓施敏完全專心在他的研究及著作上。在貝爾實驗室最輝煌的年代，施敏一做就做了二十七年（1963～1989）。

## 兒子習醫

施迪凡從小就很喜歡畫畫，而且也畫得很好。但施敏卻一直不鼓勵他走畫畫的路。施敏對兒子說，做畫家很辛苦，他建議施迪凡把重心放在別的領域。後來，兒子選擇學醫，但還是選了跟圖形很有關係的影像醫學（Radiology）。

施迪凡把對畫畫的熱愛，投入影像醫學的研究。施敏說，也許類似腦部斷層（Computer Tomography, CT）呈現出來的圖形，在施迪凡眼裡跟圖畫有點接近，所以很能引起他的興趣。

王令儀與施敏的母親一樣，全心照顧家庭、注意孩子的學業。施迪凡大學讀賓州大學（University of Pennsylvania，簡稱 UPenn），功課相當好。 如今，施迪凡

已經是一對雙胞胎女兒及一個男孩的父親，在美國東岸的華盛頓大學擔任小兒科主任，一邊做研究，一面教書，發展得相當不錯。

## 精彩的 1967 年

1967 年，施敏 31 歲。這一年，他發明了「浮閘記憶體」、太太為她生了個小美女，同時，他也開始寫書。

施敏的女兒施怡凡一歲的時候，剛好施敏應董浩雲講座之邀，回台灣交通大學授課一年。施敏帶著太太、兒子及女兒，回到台灣，全家住在交通大學的宿舍裡，周末時，就到台北去看爺爺奶奶及外公外婆。

有一天，在交大宿舍外，施敏看到兒子騎著一輛腳踏車，就自己騎上，把兒子載在後面，女兒載在前面，由太太王令儀端起相機，拍下了一張可愛的合照。這一年是 1968 年，施迪凡六歲，施怡凡一歲。

施怡凡從史丹福大學畢業拿到碩士學位後，接著往金融領域發展，現在是美國富國銀行（Wells Fargo）的高階主管，是一個男孩的母親。

## 遺憾沒有陪孩子打球

施怡凡誕生的那一年，施敏忙著寫書，每天早出晚歸，經常是出門時，孩子還在睡，晚上他回家來，孩子又已經睡了。

在美國，一般父親都會陪兒子打棒球或運動，但施敏從踏進貝爾實驗室以後，就醉心投入研究工作，尤其是第一個十年，他的研究與論文發表數量簡直是其他人的好幾倍。但孩子長得很快，每當施敏回想起他沒有陪施迪凡打過球，心裡就覺得很是遺憾。

## 轉換的世代

施敏的母親及太太，在婚後都全心全意照顧家庭與孩子。由於時代的改變，施敏的女兒及媳婦都是職業婦女。

施敏說，在他的上一代以前，幾乎百分之百的女性，都不是職業婦女。到了施敏這一代，大學同班七十四位同學，只有一位同學的太太外出做事，其他人都和施敏的太太一樣，專心家務。

到了施敏的下一代，包括他的女兒及媳婦在內，女性外出做事的比例，已經接近百分之百。所以施敏說，「我

這一代是轉換的世代」。

施敏從經濟的角度，來解釋這樣的世代轉換。在施敏這一代，一個丈夫的收入可以維持非常好的生活水準。但由於薪水增加得慢，但通貨膨脹得比較快，所以，到了施敏的下一代，家庭必須有雙薪，才能維持類似上一代的水準。

## 讓孩子學中文

施敏的兒子與女兒，都能說流利的中文，他們與父母親，一直都以中文交談。這都要歸功於施敏與太太的遠見，他們覺得孩子的中文能力很重要，所以持續讓他們學習中文。

1968 年施敏從美國回台灣，在交通大學任教的那年，讓兩個孩子學中文，就是一項重要計畫。

如今施怡凡在國際級的美國富國銀行上班，因為能說中文，可以跟中國的客戶做好溝通，這讓她在職場上，佔有很大的優勢。

## 陪老伴環遊世界

施敏對太太，除了愛，還有深深的感激。沒有太太全

力支持，施敏就不能那麼全心全力、心無旁鶩地做研究、寫書、講學。施敏的著作成了全球的暢銷書，這份成果與榮耀當然要獻給太太。

2002 年起，施敏開始陪太太四處旅遊。他拿起中國地圖，讓太太選擇想去走走看看的景點。他們的旅行足跡，已經走過黃山、孔子故居、青島、遼寧省瀋陽、常春及蘇州，他們到西安看秦俑，也在北京奧運時，參觀了鳥巢及水立方。

除了中國地圖之外，施敏也攤開世界地圖，陪著太太展開環遊世界的旅行。

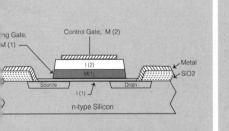

第二章

施敏的發明

# 浮閘記憶體發明 45 周年

　　1967 年 5 月，施敏與姜大元
在貝爾實驗室，發明了「浮閘非揮
發性半導體記憶體」（ Floating-Gate
Non-Volatile Semiconductor Memory
），簡稱「浮閘記憶體」。

　　45 年後，這項發明已從一個
浮閘的概念，擴展為全球電子與
資訊工業最重要的技術推動力（
Technology Driver ）。

　　從手機、數位相機、平板電腦
到數位電視，此一輕巧省電的記憶
體，開啟了全新的「數位時代」（
Digital Age ）。

## 開啟數位時代

　　一個看起來簡單的發明或發現，可能會改變歷史。

　　古代人們用石頭做工具，帶來了「石器時代」。將溶解的銅和錫混合，帶來了「青銅器時代」。1967 年，施敏與姜大元將一片金屬嵌入了場效電晶體的閘極中，從此帶來了「數位時代」！

## 始於研發的熱情

　　2012 年 3 月 26 日，七位在國際半導體領域的知名大師，齊集交通大學。他們共同出席「國際非揮發性記憶體學術研討會」（ Symposium on Non -Volatile Memory ）。這場國際學術研討會特別紀念 45 年前的重要發明 —「浮閘非揮發性半導體記憶體」（ Floating-Gate Non-Volatile Semiconductor Memory ），簡稱「浮閘記憶體」。

　　「浮閘記憶體」的發明人施敏（Simon M. Sze），特別受邀在這場研討會上發表專題演講。

　　施敏表示，源於科學研究者（科學家）的熱情，1967 年他與貝爾實驗室的同事 — 韓裔半導體科學家姜大元（ Dawon Kahng ）博士希望能夠以新的發明，改善磁圈記憶體（Magnetic Core Memory）的缺點。當時磁圈記憶體應用

於電腦主機及各種通訊設備。雖然此記憶體是非揮發性，可以長期保存資料，但它體積大、耗電量高，而且存取的時間相當長。

當年，電腦開機沒有辦法像如今這樣快速。施敏還記得，每天打開電腦之後，還可以先去喝杯咖啡，回來才能等到電腦終於完成開機的動作。

## 推動電子產品，不斷創新

過去 45 年，「浮閘記憶體」已經從一個浮閘的概念，擴展為全球電子工業的主要技術推動力。從手機、數位相機、平板電腦到數位電視，此一輕巧省電的記憶體，開啟了全新的數位時代。

施敏與姜大年原先希望「浮閘記憶體」的發明可以取代磁圈，但這個願望卻沒有馬上實現。

這項發明沉寂了十多年，直到 1983 年終於在出現在任天堂的電動玩具主機上。隔年，「浮閘記憶體」被應用於個人電腦的基本輸入輸出系統（Basic Input Output System，簡稱 BIOS），加快了電腦的啟動。

從 1990 年數位行動電話（手機）開始大量生產後，輕巧省電的「浮閘記憶體」推動了所有新電子產品的發展，

交通大學四位歷任校長，出席紀念「浮閘記憶體」發明 45 周年的國際研討會。
左起交大前校長張俊彥、交大校長吳妍華、交大前校長鄧啟福、「浮閘記憶體」
發明人施敏，以及交大前校長吳重雨。

更締造了驚人的產值，應用範圍之廣，遠遠超出人們的想
像。

　　從 1990 年的手機、1994 年的筆記型電腦、1995 年
的個人數位助理（PDA）及數位相機、1997 年的 DVD 播
放機、1998 年的 MP3 隨身聽及全球定位系統（GPS）、
1999 年的投影電視、2001 年的數位電視（DTV）、2002

年的 DVD 錄放影機、2004 年的 iPod mini、2007 年的 iPhone、2009 年的小筆電、2010 年的 iPAD，到 2011 年的超薄型電腦 Ultrabook 等，迄今全球使用「浮閘記憶體」的電子產品統計已經超過 300 億台。預計在未來十年內，累計數量將成長到 800 億台。到時每個人平均將擁有 10 台（個）採用著「浮閘記憶體」的電子產品。（註 1）

為了滿足上述各類電子產品的市場成長需求，「浮閘記憶體」元件的生產及出貨量，也隨之激增。單看 2011 這一年，「浮閘記憶體」元件的出貨量就已達 4 億兆個位元（$4 \times 10^{20}$ bits），遠超過電晶體及 DRAM 從發明以來的總產量。「浮閘記憶體」已成為現代人不可或缺的電子元件。（註 2, 3）

## 「浮閘記憶體」的優點

「浮閘記憶體」具有許多優點，包括非揮發性、省電、可重複寫入、高密度、體積輕巧、堅固耐用及造價低廉。

其中，「非揮發」的特性，強調的是拔除電源之後，仍能保存資料 10 年到 100 年。如今，「浮閘記憶體」主要的產品包括 EEPROM（Electrically-Erasable Programmable Read-Only Memory，電子式可寫入抹除唯讀記憶體），NOR

Flash （NOR 型快閃記憶體）及 NAND Flash （NAND 型快閃記憶體）等三大類。

EEPROM 特別適合需要位元可變性（bit alterability）的應用，NOR Flash 主要用於儲存程式碼，NAND Flash 則適合用於儲存大量資料。

從 2005 年起，NAND Flash 的市場占有率一枝獨秀，特別是價格大幅下降，被應用到超薄型筆記型電腦中之後，預估到 2020 年，NAND Flash 將達到九成的市場占有率。（註 4）

## 每 G B 一美元，開始取代硬碟

1987 年，硬碟的成本大約只有 NAND Flash 的五十分之一，但隨著微縮技術的不斷進步，NAND Flash 的價格很快就大幅降低，從 1987 年每 GB 容量要價六十萬美元，到 2010 年每 GB 容量只需要一美元。（註 5）

價格降了六十萬倍，NAND Flash 終於獲得筆記型電腦廠商的青睞，取代傳統硬碟，被稱為固態硬碟（Solid State Disk 或 Solid State Drive，簡稱 SSD），成為超薄型筆記型電腦（Ultrabook）的主要記憶體。

由於固態硬碟有輕巧省電等優點，讓筆記型電腦可以

做得更輕、更薄,更省電。超薄型筆記型電腦配備 13.3 吋螢幕、厚 1 公分、重 1 公斤,搭配 256 GB 固態硬碟,開機時間只需短短 2 秒鐘。

## 線寬微縮,面臨挑戰

元件尺寸的快速縮小,一方面讓成本降低,使得應用更為普及,但另一方面,也帶來許多技術上的挑戰。

「浮閘記憶體」的半間距(half pitch)到 2020 年之前,預估可能微縮到 11 奈米。(註 6)

當元件線寬微縮到 10 幾奈米時,「浮閘記憶體」將面臨許多技術上的挑戰,包括鄰近電荷干擾、電荷儲存減少,以及雜訊等問題都有待克服。

## 四類「整合型記憶體」

展望未來,誰是下一代理想的記憶體?

2012 年,在這場「國際非揮發性記憶體學術研討會」上,施敏(Simon M. Sze)與南韓建國大學(Konkuk University)講座教授 H. Ishiwara、美國芯盈(Xinnova)科技顧問 Stefan K. Lai 博士、旺宏電子(Macronix) 總經理盧志遠(C. Y. Lu)、德國亞亨大學 (RWTH Aachen

2012 年 3 月，慶祝「浮閘記憶體」發明 45 周年，七位國際級大師出席「國際非揮發性記憶體學術研討會」。左起：南韓建國大學（Konkuk University）講座教授 H. Ishiwara、交大國家講座教授施敏 Simon M. Sze、美國維吉尼亞大學 Stuart A. Wolf 教授、德國亞亨大學（RWTH Aachen University）Rainer Waser 教授、美國芯盈（Xinnova）科技顧問 Stefan K. Lai 博士、美國史丹福大學（Stanford University）Philip Wong 教授，及旺宏電子總經理盧志遠博士（未參加攝影）。

University）教授 Rainer Waser、 美國維吉尼亞大學教授 Stuart A. Wolf 及美國史丹福大學（Stanford University）教授 Philip Wong 等來自台、美、歐、韓七位記憶體界專家，做了深入探討。

　　會中的結論是，理想的記憶體，或稱之為「整合型記憶體」（Unified Memory），需要具備三大要件，分別是：速度快、密度高，而且是非揮發性記憶體。

　　包括 FeRAM（鐵電－隨機存取記憶體）、PCRAM（相變－隨機存取記憶體）、RRAM（電阻式－隨機存取記憶體）及 STT-MRAM（自旋電子力矩翻轉－隨機存取記憶體）等四款與「整合型記憶體」有關的非揮發性記憶體，被大家視為有潛力的候選者。但是目前看來，未來 10 到 20 年內，這四款候選的技術，可能仍有很多困難，不易取得。

　　這四款非揮發性記憶體最大的挑戰在於，要能夠找到適合的材料或材料組合，而且能與 CMOS 製程技術相容，才能達成兼具高效能、低成本，以及高可靠度等優點，接棒成為電子產品新的推動力。

## 5 奈米是極限

　　雖然目前看來，未來 10-20 年幾乎還看不到有任何可以取代「浮閘記憶體」的產品，「國際非揮發性記憶體學術研討會」估計，「浮閘記憶體」在 2020 年左右，將能做到 11 奈米。

　　如果以製程上的極限來看，「浮閘記憶體」到底可以

走到幾奈米呢？施敏給的答案是，5 奈米。

施敏表示，早在 1980 年，就有人說 250 奈米的 MOSFET（金屬─氧化物─半導體場效電晶體）已經走到了盡頭。但是在 2004 年施敏擔任國家奈米元件實驗室（NDL）主任時， NDL 已成功地開發出 5 奈米的 MOSFET。

他認為，「浮閘記憶體」在還沒有看到出色的接班人之前，仍會不斷追求進步，但做到 5 奈米時，大概就真的太小了，屆時可能已達到線寬的極限。

## 半導體產業－多種產業發展之基石

展望半導體產業的前景，施敏說，此產業除了支持傳統 3C 產業（電腦─ Computer, 通訊─ Communication 及消費性電子產品─ Consumer）外，更是支持生技、能源，以及環保等新興產業的基石。如果政府認為台灣的半導體產業已經很成功，未來就不必再繼續投資半導體的研究，那就大錯特錯了。

他強調，台灣的半導體產業從無到有，如今規模居世界第三，靠的是許多人的正確決策和努力投入。未來要維持台灣長期的經濟發展，還是要靠半導體產業。

施敏在「國際非揮發性記憶體學術研討會 」上表示，
「浮閘記憶體」 技術發明以來，已經帶給人類超乎預期的
福祉，他相信，未來數十年，該項技術仍將繼續豐裕並改
善人類的生活。

（註1）
A Niebel, 位於美國加州蒙特利的 Web-Feet Research 公司，2010 年
的 研 究 報 告 " Nonvolatile Semiconductor Memory Applications and
Market."

（註2）
T. Coughlin, " 2009 conference on an Entertainment Storage Alliance
Event, " Proc. Storage Visions, p.22, Las Vegas, Nevada, Jan. 6, 2009.

（註3）
C.Y. Lu. And H. Kuan, "Nonvolatile Semiconductor Memory
Revolutionizing Information Storage, " IEEE Nanotechnology Mag., p.4,
Dec. 2009.

（註4）
Global Semiconductor Devices: Applications, Market, and Trend
Analysis. Topology Research Institute, Taipei, Taiwan, Dec. 2010.

（註 5）

記憶體容量最小單位為位元（bit），8 位元等於一個位元組（Byte）。

- 1 Byte = 8 bits
- 1 kiloByte　　（kB）＝ 1024 Bytes
- 1 MegaByte　（MB）＝ 1024 kB
- 1 GigaByte　（GB）＝ 1024 MB
- 1 TeraByte　（TB）＝ 1024 GB

（註 6）

" Process Integration Devices and Structures ", The International Technology Roadmaps for Semiconductors, 2010.

# 看似無用的發明

　　1967 年 5 月，施敏與姜大元發明「浮閘記憶體」時，完全沒有想到，會給人類帶來這麼大的影響。

　　在對外發表之前，施敏先將此記憶體的論文送給主管過目。主管問施敏說，你這發明能用在哪裡呢？施敏說希望可以取代「磁圈」，此外也許有別的用途。

## 用半導體取代磁圈

談到「浮閘記憶體」的發明，施敏說，這項發明是他跟貝爾實驗室的同事─韓裔半導體科學家姜大元，在餐廳討論出來的。

施敏跟姜大元說，當時所有的電腦與通訊系統，都是用著王安所發明的磁圈記憶體（Magnetic Core Memory），這個磁圈不但費電，而且又大又難做。姜大元覺得很對，他提議以半導體的方式來取代它。

姜大元先提出一個電路組合，包括一個非線性電阻及一個金屬─氧化物─半導體電容器（Metal-Oxide-Semiconductor Capacitor，簡稱 MOS Capacitor）之串連。但這個電路組合若用於長時間儲存資料，電阻的非線性度必須非常大才行。

接著，施敏也提出一個金屬─氧化物─半導體（MOS Capacitor）與蕭基特二極體（Schottky diode）組合的電路，但這個組合需要非常高的電壓，高到接近二極體崩潰的程度，才能夠長期儲存資料。

最後兩人終於想出將一片金屬層嵌入 MOSFET 閘極的氧化層中，形成五層結構。這一片夾在中間的金屬層，就是最關鍵的浮閘（Floating Gate）。

完成後，這個元件架構由上而下共有五層，分別是：金屬控制閘、絕緣氧化層、浮閘（金屬層）、較薄的氧化層，以及半導體。為何叫那個金屬層「浮閘」呢？因為它沒有接電源，它的電壓是浮動的。

若對控制閘施加電壓，就可將半導體中之電子傳輸到浮閘中儲存。由於浮閘的上下兩層都是氧化物絕緣體，因此，除非再施加反向電壓，否則電子將可以長期儲存在裡面，即使斷電了，也不會消失。

在材料的尋找過程中，施敏找到了貝爾實驗室的材料專家 Dr. Marty Lepselter，向他請教，終於以鋯（Zr）成功地做出浮閘。大概花了一個多月的時間，施敏與姜大元終於做出來第一個「浮閘記憶體」。

## 看似無用的發明

「浮閘記憶體」發明之初，沒有人可以想到它的應用。回想當年，施敏說了一個有趣的故事。

發明之後，施敏與姜大元合寫了一篇論文，想投稿到 IEEE Transactions on Electron Devices 期刊對外發表。在那之前，施敏先將論文送到主管面前，請主管過目。施敏的主管 Dr. Bob Ryder 是做雙極電晶體（Bipolar Transistor）的專

THE BELL SYSTEM

*Technical Journal*

DEVOTED TO THE SCIENTIFIC AND ENGINEERING

EFFECTS OF ELECTRICAL COMMUNICATION

VOLUME XLVI　　　JULY–AUGUST 1967　　　NUMBER 6

The Si-SiO₂ Interface—Electrical Properties as Determined by
the Metal-Insulator-Silicon Conductance Technique
E. H. NICOLLIAN AND A. GOETZBERGER 1055

The Nonlinearity of the Reverse Current-Voltage Characteristics
of a p-n Junction Near Avalanche Breakdown
S. M. SZE AND R. M. RYDER 1135

Subjective Evaluation of Transmission Delay in Telephone
Conversations　　E. T. KLEMMER 1141

The Effect of Intersymbol Interference on Error Rate in Binary
Differentially-Coherent Phase-Shift-Keyed Systems
W. M. HUBBARD 1149

Experimental Verification of the Error-Rate Performance of Two
Types of Regenerative Repeaters for Differentially Coherent
Phase-Shift-Keyed Signals
W. M. HUBBARD AND G. D. MANDEVILLE 1173

The Suppression of Monocularly Perceivable Symmetry During
Binocular Fusion　　B. JULESZ 1203

Large-Signal Calculations for the Overdriven Varactor Upper-
Sideband Upconverter Operating at Maximum Power Output
J. W. GEWARTOWSKI AND R. H. MINETTI 1223

Two Theorems on the Accuracy of Numerical Solutions of Systems
of Ordinary Differential Equations　　I. W. SANDBERG 1243

Design Considerations for a Semipermanent Optical Memory
F. M. SMITS AND L. E. GALLAHER 1267

Contributors to This Issue 1279

B.S.T.J. Briefs: Estimation of the Variance of a Stationary
Gaussian Random Process by Periodic Sampling, J. C. DALE;
A Floating Gate and Its Application to Memory Devices,
D. KAHNG AND S. M. SZE; Semipermanent Memory Using Capac-
itor Charge Storage and IGFET Read-out, D. KAHNG 1283

1967 年 5 月 16 日，施敏與姜大元將「浮閘記憶體」論文投稿
Bell System Technical Journal，該文於同年 7 月 1 日發表，為「浮
閘記憶體」的首篇文獻。

家，他問施敏說，「你這發明能有什麼用途呢」？

施敏也想不出這項技術能用在哪裡。他對主管說這個發明也許可取代「磁圈」，至少這項記憶體可用來儲存資訊，也很省電，應該是個不錯（interesting）的發明。老闆並不贊成這篇論文發表到知名的 IEEE Transactions 期刊，因為他下的評語是－"Interesting, but useless."（好像不錯，但卻沒有用）。

聽了老闆這麼說，施敏與姜大元只得乖乖地將論文發表在發行量較 IEEE Transactions 少很多的貝爾系統技術期刊（Bell System Technical Journal）上。

在 1967 年，所有的電子產品都連接著電源線，無論是電話還是個人電腦，都是擺在桌子上，尚未走到行動電子系統（mobile electronic systems）的時代。

「Mobile 是很關鍵的一個字」，施敏說，直到各種行動電子系統紛紛上市，大家感受到行動電子系統所帶來的便利，而省電這個課題，才真正獲得重視。

# 電子時代三部曲

　　科學推動著文明進步，發明的熱情帶來人類的福祉。

　　1906 年真空管的發明開啟了「電子時代」。40 年後，1947 年電晶體的發明帶來了「新電子時代」。又 20 年後，1967 年「浮閘記憶體」的發明，則更進一步地，帶來了「數位時代」。

　　持續不斷的創新與發明，揭開電子工業的序曲。而三項電子元件重大的發明，為人類帶來了「電子時代」、「新電子時代」，以及「數位時代」。

## 一、真空管的發明（1906 年）

　　回溯整個電子工業的起源，可以從 1906 年真空管的發明開始。美國科學家 Lee De Forest（1873~1961）在 1906 年發明了三極真空管，這個電子元件開啟了電子時代，包括無線電、全世界第一台電腦 ENIAC（1946 年推出），以及各種通訊設備。

## 二、 電晶體的發明（1947 年）

　　其次是 1947 年，在真空管發明了 40 年之後，貝爾實驗室的 John Bardeen（1908~1991），Walter Brattain（1902~1987），以及 William Shockley（1910~1989）等三人，發明了電晶體 (Transistor)，而開始了新電子時代 。

　　電晶體的優點包括，體積小、速度快、又省電，而且可靠度很高。因此，很快就取代了體積龐大又十分耗電的真空管，開啟了新電子時代。包括電視、電腦、通訊

器材及各種電子產品，都因為有了電晶體，可以展現更複雜的功能。隨後，Jack Kilby （1923~2005） 與 Bob Noyce （1927~1990） 在 1959 年發明了積體電路（Integrated Circuit, 簡稱 IC）。雖然它是一項技術，而不是一個元件，但因為有了這項技術，電路設計才得以做得更小、更便宜，而且可靠度更高。

## 三、 浮閘記憶體的發明（ 1967 年 ）

在電晶體發明了 20 年之後，施敏與姜大元在 1967 年 5 月發明的「浮閘記憶體」，將電路設計從類比（Analog）帶向數位時代（Digital Age）。而其省電輕巧的特性，也推動了許多行動電子產品（Mobile Electronics）的誕生。

究竟施敏與姜大元發明的浮閘（Floating Gate）概念，對於電子產業帶來了如何重大的突破呢？

電晶體的發明，給了電子產品功能強大且體積小巧的邏輯運算。但是講到記憶體，無論是硬碟或磁圈，都還是太重、太費電，使得電子產品都還不能夠帶著走。直到輕巧省電的「浮閘記憶體」誕生，才帶動了行動電子時代。

其次是從類比走到數位時代。以前的電子產品採用的是類比的電路設計。「浮閘記憶體」可提供電子產品之「智慧」─那就是有預先設定（Pre-programmable）及重新設定（Reprogrammable）之能力。因為此記憶體可以把程式碼（code）及資料（data）都記住，因此開創了數位時代。

## DRAM 非常耗電

在「浮閘記憶體」發明之前，電腦採用的非揮發性記憶體，是王安所發明的磁圈。它就像當年的真空管一樣，體積龐大而且很耗電，製作的難度也很高。施敏與姜大元的發明動機，就是想以半導體的方式，取代磁圈。

很可惜的是，在「浮閘記憶體」發明兩個月後，IBM在 1967 年 7 月發明了 DRAM。它雖然不是非揮發性的記憶體，但是在所有電子產品都還沒有考慮省電及可攜式的需求時，DRAM 雖然比較耗電，但還是很快地取代了磁圈。

DRAM 是揮發性的記憶體，每 10 毫秒（10 millisecond）就必須重寫一次，否則資訊就喪失了，因此相當耗電。但由於它擁有高密度、低成本的優勢，所以，DRAM 推出後大概五、六年，就取代了所有的磁圈。

施敏指出，如果計算每一位元（bit）的耗電量，硬碟

（HDD）大約是「浮閘記憶體」的 200 倍，而 DRAM 大約是「浮閘記憶體」的 1000 倍。

## 「浮閘記憶體」革命性創新

DRAM 搶先一步，取代了磁圈。反倒是比 DRAM 還早兩個月發明的「浮閘記憶體」，可說是大器晚成。

原本電腦放在桌上，還接著電源線，對於記憶體耗電多寡，並不特別斤斤計較。而比 DRAM 省電 1000 倍的「浮閘記憶體」，則是到了 1983 年以後，才開始被應用在任天堂（Nintendo）的遊戲機。

1984 年，任職於 Toshiba 的日本人 Fujio Masuoka 針對「浮閘記憶體」做了一個創新。他在「浮閘記憶體」的基本結構上，多加了一個抹除閘（Erase Gate）。一加電壓，就把浮閘中的電子全部吸走。由於速度快如閃電，所以取名快閃記憶體（Flash Memory），大陸稱為閃存。

## Bell Labs 好環境

美國貝爾實驗室，是許多重要發明的誕生地。施敏和姜大元的發明，也是貝爾實驗室（Bell Labs）的產物。

　　施敏說，Bell Labs 的研究環境真的很好。這個機構注重的是如何支持與鼓勵（support & inspire），絕對不是用控制與苦力（control & perspire）來做管理。

　　尤其是對剛進到 Bell Labs 的研究人員，幾乎隨時都可以向主管請益。施敏表示，Bell Labs 有許多各領域的人才與專家，要找他們幫忙或向他們請教問題，也不需先打電話預約，只要門口敲一敲，就能找到熱心的專家。他強調，就是這樣的環境，才能造就如此多的重大發明。

　　當年美國 AT&T 很大，員工多達一百萬人，年收入大約一千億美元，每年從中拿出百分之三，大約三十億美元，作為 Bell Labs 的研究經費。Bell Labs 在二十個研究基地，共有員工三萬人。Bell Labs 之總部就是施敏與姜大元所在的紐澤西州 Murray Hill，擁有五千多名人員。可惜後來 AT&T 在 1986 年分家，從此 Bell Labs 黃金年代宣告結束。

## 手機、相機　世代轉移

　　除了 1983 年任天堂遊戲機的採用，1989 年芬蘭的一家公司 Nokia 率先把「浮閘記憶體」放進行動電話裡，是一個重要的分水嶺。Nokia 發現，這項記憶體比起任何一

種記憶體，要省電得多。他們幾乎傾全力推廣這項技術，因此，也吸引了許多其他的行動電話公司，紛紛加入。

除了手機，人們也開始把「浮閘記憶體」應用到其他產品上去。1995年，柯達（Kodak）推出DC系列數位相機，是全世界第一個採用此記憶體開發出的數位相機（Digital Camera）。從此，拍照的習慣完全改變。

不用底片、薄薄一片可以重複使用的記憶卡，可以存著許多靜態的照片及動態的影片。透過讀卡機或傳輸線，很快就能將記憶卡內的照片及影片，下載到電腦，或傳輸分享給別人。

可惜 Kodak 因為高層主管小看數位相機的發展速度及影響力，而且堅持固守他們原本稱霸世界的相機軟片（film）生意，結果在短短幾年時間裡，業績快速下滑，公司營運重挫。反倒是日本企業在數位相機商品化的腳步，後發先至，他們快速把「浮閘記憶體」的優點融入他們的相機中，在市場上取得優勢。

傳統的相機底片，很快地被數位化的記憶卡給取代了。十年之內，全球相機業者，紛紛退出底片相機（Film Camera）的市場，宣佈集中資源，開發數位相機。

## 手機的安全

　　網路上有一篇文章流傳很廣，內容強調施敏曾在一場演講中說，使用手機可能導致腦癌。由於該文多處誤謬，因此，2009 年 11 月 30 日，施敏特別以國立交通大學榮譽講座教授、中央研究院院士及美國國家工程院院士的身份，寫了一篇「手機是否會導致腦癌？」，請國家奈米元件實驗室（NDL）的黃心寧小姐，公布到網路上，解除大家對手機電磁波影響健康的疑慮。

　　施敏在文中說，「10 多年前本人在『國立交通大學』一次演講中提到手機之電磁波太強，有導致腦癌的可能。此事被放在網路上報導已流傳多年。10 年來全球手機產量從每年 4 億個增加到 14 億個，合計超過 100 億個，平均每人 1.5 個，為全球產量最大之電子產品。」

　　施敏的這篇文章包括兩個重點，以及一個提醒。重點一匡正所謂「四位手機發明人」應該是「四位手機推手」；重點二是經過各手機廠的研究與努力，手機的電磁波已經大都降到安全值以下。至於一個提醒則是，由於兒童的腦細胞仍在發育中，因此施敏提醒家長不要讓小孩太早用手機，必須使用時，通話越短越好，或者連接到手機上的耳機，使電磁波遠離腦部為宜，全文如下。

# 手機是否會導致腦癌？

10 多年前本人在『國立交通大學』一次演講中提到手機之電磁波太強，有導致腦癌的可能。此事被放在網路上報導已流傳多年。10 年來全球手機產量從每年 4 億個增加到 14 億個，合計超過 100 億個，平均每人 1.5 個，為全球產量最大之電子產品。這些產品是否會對人類健康有嚴重影響呢？現在將最新情形作一說明。

首先在 10 多年前報導中提到「四位手機發明人」，應是「四位手機推手」。因為 Bell 發明之基本電話原理，Lodge 發明之基本電磁波技術，Lilienfeld 發明之基本邏輯元件和本人發明之基本「非揮發性記憶體元件」為手機之四大 Enabling Technologies。缺少任何一項將無法使手機順利誕生，更不可能有如此驚人的成長。

　　10 幾年前一般手機之電磁波相當強，超過 1000 mG（毫高斯）。此為美國物理學建議之安全值上限之 250 倍（安全值上限為 4mG）。因之本人擔心會產生不良後果而提出警告，尤其長時間使用手機者更應特別小心。此一警告或許受到手機製造商之注意，如 Nokia、Motorola 等公司皆成立研究單位，一方面研究手機對人體的影響，另一方面變更設計以大幅降低手機電磁波。迄今此電磁波已大都降到安全值以下，甚至有在安全值的十分之一以下。

　　因此在正常範圍下一般手機之電磁波對成人腦部應該沒有不良之影響。但本人認為對十幾歲以下兒童仍應注意。因為兒童腦細胞仍在發育中，即使是微量之電磁波仍可能會影響腦細胞之發育。而長時間使用會有累積之效果，而可能有更大之傷害。謹建議家長們不要讓小孩太早使用

手機，如必須使用時每次通話時間愈短愈好，或用連接到手機上之耳機使電磁波遠離腦部為宜。

　　　　　施　　敏
　　　　　國立交通大學榮譽講座教授
　　　　　中央研究院院士
　　　　　美國國家工程院院士
　　　　　2009/11/30

# 百分之百滲透率

　　「浮閘記憶體」不只在手機、
數位相機、隨身碟上改變了人們的
生活。

　　家電有了「浮閘記憶體」，
成了智慧型家電。汽車有了此記憶
體，在安全、導航、娛樂、通訊等
方面，大有進步。

　　「浮閘記憶體」甚至讓許多過
去只在醫院才看得到的設備與儀
器，走出戶外，提升第一時間救人
的效率。

除了手機、相機之外，「浮閘記憶體」的應用，也延伸到汽車領域。如今，此記憶體已經是新款汽車展現特色的幕後功臣，平均每台汽車大約有 50 到 100 個含有此記憶體的電子系統，包括汽車導航系統（GPS）、防鎖牢剎車系統（Anti-lock Braking System, ABS）、電子平衡系統（Electronic Balance System）、車用影音娛樂系統，以及空氣調節系統等等，都與「浮閘記憶體」息息相關。

## 智慧產品的關鍵

施敏說，任何電子產品，希望有一點點智慧在裡面，同時希望有省電小巧等優點，那就需要「浮閘記憶體」。因之此記憶體被廣泛地應用在各種電子產品中，幾乎是無所不在了。

從冷氣機、冰箱、微波爐、洗衣機到烤箱等電子產品，凡是各種與自動控制有關的電子產品，都內嵌有「浮閘記憶體」。廠商在推出這些電子產品時，大多會強調其具有人工智慧，例如「智慧型冷氣機」、「智慧型錄音機」或「智慧型洗衣機」等，其關鍵元件就是微控制器（Micro controllor）及其嵌入之「浮閘記憶體」（Embedded Floating-Gate Non-Volatile Semiconductor Memory）。

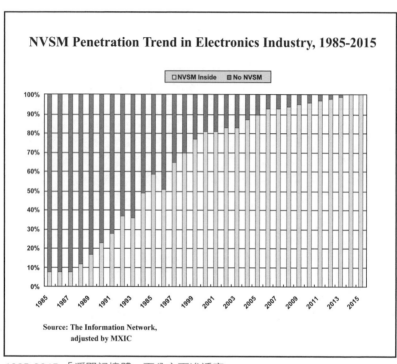

1985-2015 「浮閘記憶體」百分之百滲透率
（資料來源：The Information Network）

## 滲透率 將達 100%

　　如今，幾乎所有的電子產品，都採用了「浮閘記憶體」。施敏指出，此記憶體在各種電子產品的滲透率，已經超過 98%。最後只剩下傳統的收音機這一項產品沒有採用。

但是，隨著傳統收音機也被納入了 MP3 播放及軟體控制功能（Soft Radio），「浮閘記憶體」對電子產品的滲透率，預計很快就會達到百分之百。

## 無所不在的「浮閘記憶體」

如果說，電晶體是 Bell Labs 一百年來，第一個最重要的發明。那麼，第二個最重要的發明，可能就是「浮閘記憶體」了。這兩項發明，推動了所有新穎設計的電子產品，影響了全人類的生活。

「浮閘記憶體」出現在各式各樣的電子產品中，除了手機、數位相機、儲存資料的隨身碟（大拇哥）、家電用品之外，還有汽車上的導航、通訊、娛樂和安全配備，也都採用了此記憶體。甚至在過去只出現在醫院的急救或檢查設備，也因為有了「浮閘記憶體」，可以延伸到可攜式的應用，讓急救更具機動性。

## 為安全把關

以汽車安全而言，歐洲最近三十年，汽車數量增加300%，但是車禍死亡率卻減少了 70%。原因就在於安全氣囊、防鎖牢煞車系統、電子平衡系統、自動偵測系統等

發揮了功效,大大降低了車禍的死亡率。這些統稱為汽車電子的各種系統與配備,蘊含的核心技術,包括控制與記憶,都是由「浮閘記憶體」負責。

在健康照護與醫療方面,許多過去必須將病人送到醫院才能做檢查或急救的設備,也因為有了「浮閘記憶體」,紛紛開發出可攜式的儀器與設備來了,包括可攜式的核磁共振(MRI)及可攜式的電腦斷層攝影(Computer Tomography)設備,都從龐大的設備,變得輕便小巧,而且功能絲毫不縮水。除了檢查設備之外,靠著此記憶體,連心臟電擊器(Defibrillator)也開發出方便攜帶的款式,萬一有人在運動場上突然心臟停了,需要急救,就馬上可以出動。

此外,在高速公路收費站的自動繳費系統 (Electronic Toll Collection, ETC)能夠嘀躂一聲就完成過路費的扣繳,也是因為有穩定又可靠的「浮閘記憶體」。

過去 45 年,特別是從 1990 年以後,採用「浮閘記憶體」的電子產品,累計已經超過 300 億台。施敏估計,在未來十年內,將可增加到 800 億台。幾乎每天生活觸目所及或想得到的電子系統,都有此記憶體的身影。它讓人類的生活更便利,其影響是全面性的,可說已經到了無所不在(omnipresent or ubiquitous)的程度。

## 當個有智慧的使用者

對於自己的發明，在發表後經過多年沉寂，但隨著數位時代的到來，卻全面性地影響人類的生活，施敏也注意到，人們對於新奇便利的過度沉醉，帶來了副作用。

繼 2009 年寫了一篇「手機是否會導致腦癌」（註 1 ）施敏終於對手機電磁波已經符合安全規範感到放心。但 2013 年，近在身邊的實例，讓他又對大家的視力，敲下警鐘。

施敏表示，自蘋果公司於 2007 年推出「智慧型手機」以來，此型手機成為隨身攜帶之「大英百科全書」，上通天文，下曉地理，為「低頭族」的最愛。但由於螢幕只有 4~5 吋，字體細小，長期使用是否會嚴重損傷視力？施敏舉了兩個例子。

第一個例子。一位五十多歲女士，最近購得 iPhone 5，愛不釋手，每天使用 4~5 小時，三個月後突然發現，左眼有大量細線如下雨般不停移動，經醫師檢查為視網膜脫裂，立即用雷射縫合。醫生警告該女士，如果繼續如此使用 iPhone 5，將會導致失明。

另有一位三十多歲男士，也是喜歡長時間使用智慧型手機，結果不到一年發現必須戴老花眼鏡才能看書看報（一

般人五十歲左右才需戴老花眼鏡），其原因是用眼過度，損傷眼球筋肉之彈性，無法有效調整焦距所致。

因此施敏建議，使用智慧型手機，需要有智慧的控制使用時間及次數，每次不宜時間過長，每天不宜次數過多。如需尋找大批資訊，可用個人電腦或大螢幕的筆記型電腦，以保護自己的「靈魂之窗」。（註2）

（註1）
請見本書第二章，「電子時代三部曲」。

（註2）
最近電視上報導，有一名 10 幾歲男孩，是一個長期時用智慧型手機的「低頭族」。最近他發現頸部不適，經檢查結果是「低頭」過度，傷及頸部骨骼，如果繼續長時間低頭，將會影響未來身體之發育！因之智慧型手機如過度使用不但會傷害視力，也會傷害身體其他部分，不可不慎！

# 揮發、非揮發

　　常常聽到揮發性記憶體
（Volatile Memory）及非揮發性記
憶體（Non-Volatile Memory），到
底有甚麼不同？

　　它們是半導體記憶體
（Semiconductor Memory）的兩大
類別，最簡單的區別就是，在電源
拔除後，是否還能夠保留著資料。

　　拔除電源，資料揮發掉了，就
是揮發性記憶體。反之，就是非揮
發性記憶體。

## 記憶體二大家族

半導體記憶體（Semiconductor Memory），以揮發性（Volatile）及非揮發性（Non-Volatile），分為兩大家族。

揮發性半導體記憶體（Volatile Semiconductor Memory，簡稱 VSM），非揮發性半導體記憶體（Non-Volatile Semiconductor Memory，簡稱 NVSM），兩者最簡單的區別就是，在電源拔除後，VSM 無法保存資料，而 NVSM 卻能夠繼續保存著資料。

## 一、VSM：沒電資料就揮發掉

揮發性半導體記憶體（VSM）家族，只要拔除電源，資料就會不見。VSM 家族最知名的是動態隨機存取記憶體（DRAM）及靜態隨機存取記憶體（SRAM）。

DRAM 是一個快速工作記憶體，它可以很快將資料提供給中央處理器（CPU, Central Processing Unit）。由於他每 1/100 秒就會漏掉資料，因此，他必須很忙碌地每 1/100 秒就重新覆寫一次，是個動個不停的記憶體。

SRAM 則是安安靜靜地，不會像 DRAM 那樣不斷地忙著一次又一次地覆寫資料。SRAM 的原理像是閂門，資料進門，只要還有電源，門閂就閂得緊緊地，資料也保存得

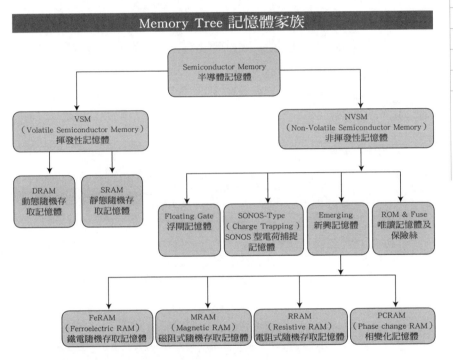

Memory Tree 記憶體家族

好好的。直到電力消失，門閂才鬆開，失去資料。

## 二、NVSM：沒電資料還在

　　非揮發性半導體記憶體（NVSM）家族，即使拔除電源，所儲存的資料仍舊可以保存。

　　「浮閘記憶體」（Floating Gate Memory）是 NVSM 家

族最重要的成員，在 1967 年這項發明發表後，衍生出「可抹除式唯讀記憶體」（EPROM）、「電子抹除式可複寫唯讀記憶體」（EEPROM），及「快閃記憶體」（Flash Memory）等的創新。

## 「浮閘記憶體」的歷史

| 年 | 元件（DEVICE） | 發明人 | 研究機構 |
|------|------------------------|----------------------------|-----------|
| 1967 | Floating-Gate Concept | D. Kahng, S.M. Sze（施敏） | Bell Labs |
| 1971 | EPROM-FAMOS | D. Frohman-Bentchkowsky | Intel |
| 1976 | EEPROM-SAMOS | H. Iizuka et al. | Toshiba |
| 1984 | NOR Flash Memory | F. Masuoka et al. | Toshiba |
| 1987 | NAND Flash Memory | F. Masuoka et al. | Toshiba |
| 1988 | ETOX Flash Memory | V. N. Kynett et al. | Intel |
| 1995 | Multilevel Cell | M. Bauer et al. | Intel |
| 2010 | Multi-Layer Integration | Whang et al. | Hynix |
| 2012 | 128Gb 3bits/cell NAND Flash | Li et al. | SanDisk, Toshiba |

## 1967：浮閘記憶體

「浮閘記憶體」（Floating Gate Memory）的發明人，施敏與姜大元， 1967 年在貝爾實驗室完成了這項發明。「浮閘記憶體」的結構與浮閘的概念，激勵了 EPROM、EEPROM 及 Flash Memory 等記憶體的創新。

# 1971：EPROM

1971 年，任職 Intel 的工程師 Dov Frohman-Bentchkowsky 基於「浮閘記憶體」的架構，開發出「可抹除式唯讀記憶體」（Erasable Programmable Read Only Memory，簡稱 EPROM）。這款記憶體只有浮閘，但無控制閘。它容許使用者寫入資料，但要透過紫外線照射才能抹除資料。在這一年，Intel 推出 1702 就是全球第一顆 EPROM。

要辨別 EPROM 很簡單，因為它不像一般 IC 封裝有個黑蓋子，它會開個透明石英窗，方便於抹除資料時，能夠讓紫外線照射進來。

相對地，EPROM 比較適合小量生產，而且最重要的優點是，它可以配合韌體（firmware）更改及快速升級的需求，把舊的資料刪去，再把新的資料寫入。所以，在 EEPROM 及 Flash Memory 未推出之前，EPROM 就成了當時最具彈性的記憶體。它被廠商用在微控制器（Microcontrollers）上，最典型的代表是包括 Intel 8048 及 Freescale 68HC11。

## 1976：EEPROM

1976 年，任職 Toshiba 的飯塚裕久（Hirohisa Iizuka）採用了「浮閘記憶體」的架構，研究出「電子抹除式可複寫唯讀記憶體」（Electrically Erasable Programmable Read Only Memory, 簡稱 EEPROM）。EEPROM 可以通過電子方式多次覆寫，它與 EPROM 最大的差別在於，它有控制閘及浮閘，它不需要以紫外線照射才能抹除資料，只需加電壓在控制閘上，就能抹除原有的資料，並可重覆寫入新的數據。由於 EEPROM 成本比較低，近年來已逐漸取代了 EPROM。

EEPROM 的應用範圍很廣，是非常可靠的非揮發性記憶體，連要求最嚴苛的汽車環境，包括高可靠度及使用年限，EEPROM 也都可以滿足。舉例來說，應用在汽車上的 EEPROM 要能夠保證容忍高溫到攝氏 85 到 125 度、低溫零下 20 到 40 度仍能正常運作，而且還需保證 20 年內，資料無失。

## 1984 及 1987：NOR Flash 及 NAND Flash

1984 年，任職於東芝（Toshiba）的舛岡富士雄（Fujio Masuoka）根據「浮閘記憶體」的概念與結構，發明了 NOR Flash 。隨後在 1987 年，他又發明了 NAND Flash。

舛岡富士雄在「浮閘記憶體」的架構上，再加上一片抹除閘，可以快速地刪除資料，因為刪除的速度很快，咻的一下就能夠完成，因此取名「快閃記憶體」（Flash Memory），大陸稱之為「閃存」。

NOR Flash 則是允許每次只刪除或寫入單一位元組（Byte），所以需要很長的時間進行抹寫，但它提供完整的定址與資料匯流排，允許資料隨機存取到記憶體上的任何區域。

NAND Flash 則是可以每次刪除或寫入一個區塊，或是一頁。這樣一來，抹寫的速度就比較快，儲存密度較高，成本也比較低廉。此外，NAND Flash 的可重覆抹除的次數也比 NOR Flash 高。

## 看似沉寂，卻持續創新

作為研究發展人員，最大的欣慰應該是，他的研發動機及眼光，獲得證實。而他的研發成果，能夠造福人類。施敏與姜大元發明的「浮閘記憶體」，毫無疑問地已經達到這個境界。

創新演化的過程冗長，「浮閘記憶體」發明後的命運，看似沉寂，其實它早已默默地影響著記憶體的創新。「浮

閘記憶體」創新的結構與概念，以一片浮閘來當作 0 與 1 的開關，簡單的結構就能夠儲存資訊，對全世界投入半導體記憶體的開發團隊都帶來啟發。

在美國，任職於 Intel 的工程師 Dov Frohman-Bentchkowsky 受到影響而開發出 EPROM。在日本，任職於 Toshiba 的飯塚裕久（Hirohisa Iizuka）開發出 EEPROM。之後又有 Fujio Masuoka 開發出 NOR Flash 及 NAND Flash。

從 1967 年的「浮閘記憶體」，到 1987 年的 NAND Flash，雖然經歷了 20 年，但隨著各種行動電子產品及數位產品的市場萌芽，「浮閘記憶體」所衍生的 EPROM、EEPROM 、NOR Flash 及 NAND Flash 等技術很快地被納入各式各樣的電子系統中，數量多到幾乎無所不在。

## 2000：NAND Flash 全球矚目

美國半導體產業協會（Semiconductor Industrial Association, SIA）每年都會發布一份重要的國際半導體技術藍圖（International Technology Roadmap for Semiconductors, 簡稱 ITRS），預測未來 15 年的創新發展。

2012 年初在韓國仁川舉行的技術論壇上，ITRS 強調了三個關鍵領域的進步，特別是非揮發性記憶體（Non-

Volatile Memory）、快閃記憶體（Flash Memory）以及微機電（MEMS）系統。

報告中特別強調，快閃記憶體被廣泛應用在移動式的電子產品上，包括數位相機、平板電腦和手機，預計未來二年內，將出現更快速的發展。尤其是立體（3D）封裝技術發展看好，將使得快閃記憶體在 2016 年年初將擁有更大的存儲能力，可以進一步廣泛應用於消費性電子產品中。

快閃記憶體的確是具備長期爆發力的創新技術，他的大量普及是最近 10 幾年的事。旺宏電子總經理暨欣銓科技董事長盧志遠指出，ITRS 直到 2000 年，才發覺不可漠視 NAND Flash 的長遠創新及影響力，從此開始預測它未來 15 年的發展。2000 年以前，產業界似乎覺得 NAND Flash 是規模很小的一項新技術，還沒有給予太多關愛的眼神。

盧志遠指出，ITRS 的技術藍圖會預告線寬技術、容量、晶圓尺寸、元件大小，以及多層堆疊能力的推進情形。對於記憶體的關注，先從 DRAM、SRAM 開始，1994 年開始出現 NOR Flash，2000 年才加入了 NAND Flash。

ITRS 的預測也準也不準。盧志遠幽默表示，例如它預測說 DRAM 到了 2010 年會走到 16GB，結果，2010 年容量的確走到 16GB 沒有錯，但是先達到目標的記憶體，

不是 DRAM，而是 NAND Flash。在 2010 年 DRAM 只達到 2GB。

NAND Flash 在記憶體的競賽大道上，起先像是一個無名小卒，但他上場之後，卻是一匹狂奔黑馬，遠遠地把各種其它的記憶體都拋到了後頭。

## 專一 vs. 多樣化

談到應用，盧志遠說，DRAM 與「浮閘記憶體」最大的不同，就是 DRAM 主要應用在個人電腦上，隨著每一代作業系統（Operation System）的更新，DRAM 容量就必須倍增。而「浮閘記憶體」的應用則是到處可見，幾乎所有的電子產品都應用到它。他強調，「『浮閘記憶體』有個特性，就是滲透性（Penetration Rate）很強。幾乎所有的電子產品，都採用了此記憶體」。

盧志遠指出，「浮閘記憶體」家族中的 Flash Memory，應用範圍十分廣泛。而最早讓 NAND Flash 起飛的應用，就是數位相機。

相對地，DRAM 因為速度快，所以特別適合搭配運算速度很快的個人電腦中之微處理器。由於 DRAM 主要用於個人電腦，所以只要個人電腦升級一代，DRAM 之容量也

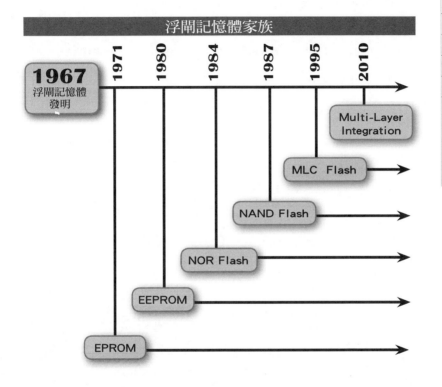

浮閘記憶體家族

1971  1980  1984  1987  1995  2010

**1967**
浮閘記憶體
發明

Multi-Layer
Integration

MLC Flash

NAND Flash

NOR Flash

EEPROM

EPROM

就要跟著加倍才行。

　　Flash Memory 的速度沒有 DRAM 那麼快，所以一開始並不受重視。不過，拿來記程式或儲存資料，在速度上的要求並不像電腦運算那麼快，反倒是可靠、小巧等特點比較重要，因此讓 Flash Memory 展開了一條大有發展的路。

## 像一塊磚，影響深遠

也許可以比喻施敏與姜大元發明的「浮閘記憶體」，有如一塊磚。人們拿著這塊磚去堆砌、去變化、去創新，就建成了拱門、窗台、房屋，及高樓大廈。

1967 年 5 月，「浮閘記憶體」發明後，起初被認為沒有什麼用處，施敏的主管對於他以導電金屬做成的浮閘頗不以為然，他認為這樣的浮閘：「Interesting, but useless」（有意思，但是沒有用）。同年 11 月，有人提出「氮化矽記憶體」（Nitride Storage），不少人認為用這種絕緣體取代浮閘可能比較有用。

隨著時光流逝，如今證明，同一年先後發明的兩項技術，「氮化矽記憶體」並沒有太多追隨者，而「浮閘記憶體」卻是開枝散葉，不但衍生了許多徒子徒孫，而且成了主流技術。

## 記得主人所有的吩咐

阿拉丁神燈故事引人入勝，在於精靈能夠實現主人的願望。現實世界中，要讓所有的電子產品記得主人的吩咐，就要靠「浮閘記憶體」。

以洗衣機為例，可以預先把各種洗衣服的方法，包括

冷熱水、輕重、次數、流程等，先寫入程式，讓洗衣機牢牢記住，而程式就記在「浮閘記憶體」裡。

再以冰箱為例，如果能夠設定冷到什麼程度就打住，不必繼續降低溫度，這樣自然可以比較省電。主人只要設定，冰箱就能夠乖乖地記得主人的吩咐，這就是智慧型冰箱，也是因為採用了「浮閘記憶體」。

我們已經知道「浮閘記憶體」有很多種，至於冰箱、洗衣機裡面用的是哪一種呢？不是 NOR Flash，也不是 NAND Flash，而是嵌入在微控制器（Micro Controller）中的 EEPROM。而 EEPROM 也用在信用卡、健保卡、郵局卡及電子收費站付款卡（Electronic Toll Collection, ETC）等。

## 嵌入邏輯 IC，無所不在

EEPROM 透過嵌入式（Embedded）技術，也廣泛地應用在邏輯 IC 中。例如台積電為客戶生產的許多邏輯 IC，IC 線路中會有特別的角落，嵌入了 EEPROM，功能可能是做為標籤記錄，或者寫入一小段程式。

雖然這些 EEPROM 之於邏輯 IC，顯得相當隱性低調，但是這樣的應用卻是細水長流，也更見「浮閘記憶體」的影響深遠。

## 浮閘記憶體及 Flash Memory 常被混淆

很多人都把「浮閘記憶體」及快閃記憶體（Flash Memory）混淆了，而且這兩個名詞也常被大家交互著使用，其實兩者的關係很簡單，「浮閘記憶體」是源頭，而 Flash Memory 則是由源頭衍生出來的後代，只是 Flash Memory 這個後代發展得特別好。

為了避免混淆，我們就以上面提到的洗衣機或電冰箱為例，可以說「『浮閘記憶體』使家電產品智慧化」或「EEPROM 使得家電產品變聰明了」，但說，「Flash Memory 使家電產品智慧化了」，就不正確了。

## 理想的記憶體

施敏指出，理想的記憶體，大約有 12 項衡量指標。包括：非揮發性、體積小巧、低耗電、可以覆寫、位元可替換性、讀／寫／抹除快速、長保品質穩定、成本低廉、單一電源供應、倍率成長、耐摔及整合度高等十二項。

把 DRAM、SRAM、FLASH、EEPROM、EPROM、Hard Disk 及 Floppy Disk 等各種記憶體放在一起比較，Flash 會在 12 個評比項目中的 11 個得分，可說是最理想的記憶體。

## 七種固態記憶體的評比

(〇：好的特性 X：差的特性)

| | DRAM | SRAM | FLASH | EEPROM | EPROM | Hard Disk | Floppy Disk |
|---|---|---|---|---|---|---|---|
| 1. 非揮發性 | X | X | 〇 | 〇 | 〇 | 〇 | 〇 |
| 2. 體積小巧 | 〇 | X | 〇 | X | 〇 | 〇 | X |
| 3. 低耗電 | X | X | 〇 | 〇 | 〇 | X | X |
| 4. 可以覆寫 | 〇 | 〇 | 〇 | 〇 | X | 〇 | 〇 |
| 5. 位元 可替換性 | 〇 | 〇 | X | 〇 | X | 〇 | 〇 |
| 6. 讀／寫／ 抹除快速 | 〇 | 〇 | 〇 | 〇 | 〇 | X | X |
| 7. 長保 品質穩定 | 〇 | 〇 | 〇 | 〇 | X | 〇 | 〇 |
| 8. 成本低廉 | 〇 | X | 〇 | X | 〇 | 〇 | 〇 |
| 9. 單一 電源供應 | 〇 | 〇 | 〇 | 〇 | X | 〇 | 〇 |
| 10. 高倍率 成長 | X | X | 〇 | X | 〇 | X | X |
| 11. 耐摔 | 〇 | 〇 | 〇 | 〇 | 〇 | X | X |
| 12. 整合度高 | 〇 | 〇 | 〇 | 〇 | 〇 | X | X |
| 總計 | 9 | 7 | 11 | 9 | 8 | 7 | 6 |

資料來源：施敏教授

施敏強調，「對於大量儲存而言，Flash 記憶體，尤其是 NAND Flash 幾乎是沒有競爭對手」。

## 分清 Memory 與 Storage

盧志遠表示，很多人把記憶（Memory）和儲存（Storage）這兩個字，混用了。儲存（Storage）是指將資訊長期保存的能力（10 ~ 20 年），而記憶（Memory）則是立即能提供給中央處理器之資訊，只需要短時間保存之能力（0.01 ~ 1 秒）。

過去很長一段時間，Storage 談的都是大容量的儲存裝置，包括硬碟、ＤＶＤ光碟等。至於像 Flash Memory 等半導體記憶體，則因為容量不算大，所以一直還沒有被列入 Storage 的陣營。

直到 Solid State Drive（SSD）出現，Flash Memory 容量大到一定程度，這才被納入到 Storage 這邊來。

## 解除挑戰，朝三度空間發展

微縮一方面可以降低成本，但另一方面卻將面臨技術瓶頸。盧志遠表示，NAND Flash 從 20 奈米、18 奈米往下走，未來可靠度會出現問題，就是所保存的電子數量太少

了。解決之道是甚麼呢？

　　如同都市人口擁擠時，只好把平房改建成高樓。東芝（Toshiba）想延續 10 幾奈米的 NAND Flash 的電子數量，就想到了往天空發展，以垂直的方式，爭取更多的空間。盧志遠認為，Toshiba 推出的「管狀的位元成本延展」（pipe-shaped Bit Cost Scalable，簡稱 p-BiCS）技術，應該是個真正能夠掌握低成本的可行之道。

　　Toshiba 以 p-BiCS 疊起了 16 層，中間貫穿著一個 50 奈米大小的洞，該公司首席工程師百富正樹（Masaki Momodomi）說，如果以 p-BiCS 技術所疊起的層數超過 15 層，那麼在成本上，會比一般的 NAND 製程來得低。

　　盧志遠認為，類似 Toshiba 這種三度空間的製程製造方式，頗有實踐的可能。旺宏電子也正在朝此方向邁進。盧志遠也點出，三度空間的製程製造，與堆疊不同。雖然也是一層一層地疊上去，但都沒有做微影，而是等到最後一次做完微影的步驟，這就是成本能夠節省的關鍵。

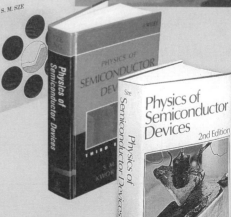

# 半導體元件物理學

## Physics of Semiconductor Devices

第 三 版

施 敏　伍國珏 原著
張鼎張　劉柏村 譯著

第三章

施敏的著作

# 暢銷全球的半導體聖經

　　1967 年發明「浮閘記憶體」
時，施敏三十一歲。這一年，他開
始著手寫書，出版時，他才三十三
歲。書籍的暢銷，讓施敏成名得很
早，因此許多讀者常誤以為他已經
八、九十歲了。

　　施敏的讀者，年齡級距很大，
二十幾歲的年輕學生，在施敏演講
會後，捧著書要求簽名，是常有的
事。

　　全世界半導體相關書籍數千
本，為何施敏的著作能拔得頭籌，
高居世界暢銷第一名？

## 半導體聖經

全世界只要是研究半導體的，幾乎都讀過施敏（Dr. Simon Min Sze）的書。他所寫的「半導體元件物理學」（Physics of Semiconductor Devices），是全球半導體最暢銷的教科書與參考書籍，享有「半導體聖經」的美譽與地位。

由於想學半導體的人才不斷增加，但市面上能夠把半導體元件物理學介紹得好的書籍，卻不多見。因此，施敏的書不但被翻譯成六、七種語言發行，而且盜版更是不計其數，發行量早已超過一百五十萬本。

對於自己所寫的書如此受到歡迎，施敏表示，「雖然高興，但其實很驚訝」。特別是許多論文紛紛引用（citation）施敏的著作，這點更是讓施敏感到意外。

普通一般文章，被引用一百次算是不錯的，一千次已經少見。然而施敏的書竟一再被人引用，達二萬四千次以上（註），應該是工程和應用科學領域五十年來首見，也可見其影響力蔓延深遠。

如今，全球半導體相關的書籍已經多達三千多本，尤其是在教科書方面，不管是大學用書或研究所用書，都是以千本計，但施敏著作所締造的驚人暢銷量及被高度引用的記錄，著實不易超越。

## 著作等身

2000 年，交通大學浩然圖書館為施敏舉辦個人著作展。在校園裡張貼的一張宣傳照片，十分吸引人。這張照片是施敏的女兒，在 1988 年拍的。當時 21 歲的她，站在父親的著作旁，成了「著作等身」的最佳註解。

施敏親自撰寫（Authored or co-authored）七本書，擔任主編（Edited or co-edited）的有九本、撰稿一章出版（Contributed）的則有二十多本。再加上各國語言的翻譯版本，甚至海盜版在

內，施敏出版的書籍早已突破百冊。

要把這些書疊起來，早就超過一個人的高度。施敏的女兒 21 歲時拍照的那些書，大約只是現今全部著作的一半高。

## 出版時機很關鍵

一本暢銷全球的書，出版時機是很關鍵的。在施敏寫第一本書之前，全世界還沒有任何一本真正談各種半導體元件的書。

貝爾實驗室非常注重組織內的跨領域學習，明文規定某個程度以上的研究人員，必須去教、或者去聽一門課。施敏開的課是「半導體元件」（Semiconductor Devices），為了給同仁們準備上課教材，卻在藏書豐富的圖書館找不到甚麼資料，這才觸發了施敏想動手寫書的念頭。

施敏回憶當年，在圖書館找到一百多本半導體相關的書，但都只講雙極電晶體（bipolar transistor），就是沒有介紹其他半導體元件（devices）的書。施敏說，「我要教書需要講幾十種元件，這就是我為何會自己寫書的原因」。

囊括了所有重要的半導體元件，施敏為研究所學生寫的「半導體元件物理學」，第一版於 1969 年出版，推

出後大受歡迎，並成為一本經典之作，各國翻譯及盜版的活動層出不窮。十二年後，第二版於 1981 年上市。再過二十六年，第三版於 2007 年推出。

除了研究所的學生，施敏也為大學三、四年級的學生，出版更基礎的「半導體元件：物理及製程技術」（ Semiconductor Devices：Physics and Technology ）。第一版於 1985 年出版。隨後第二版及第三版，分別於 2002 年及 2012 年上市。

## 第一本書：1969 年出版

在貝爾實驗室主管 Bob Ryder 博士的支持下，施敏在做研究之外，也在 1967 年開始動手寫書。隔年，在董浩雲講座支持下，施敏回台灣，到交通大學任教一年。這時，整本書的內容已經完成，施敏把稿件交給了歷史悠久的出版商 Wiley 進行排版，準備發行。

施敏說「我於 1968 年 7 月交稿，接著 8 月回新竹交大上課，就是以此為講義，所以，交大學生是全世界最早學這本書的」。

施敏的第一本著作「半導體元件物理學」，內容八百多頁，順利在 1969 年 5 月出版。這本書以研究所的學生

為對象，蒐集整理了二千多篇論文與技術資料，幾乎涵蓋當時全世界百分之百的半導體相關研究，為讀者做了深入淺出的介紹。書中簡潔易懂的英文，加上大量圖表搭配說明，大大提高了專業知識的閱讀性。

「半導體元件物理學」書中介紹重要的元件物理知識以及詳細的元件特性，包含主要的雙載子、場效、薄膜、光子以及微波等元件，是電機、電子、應用物理、材料科學等理工科系大學生及研究生學習半導體的知識寶典。除了學生，許多半導體產業工程師及科學研究人員，也把這本書視為必讀聖經。

## 與 Wiley 合作 出版界美事

十二年後，隨著投入半導體的研究增加，施敏估計研究論文與技術資料大約增為四萬篇，比起他當年寫第一本書時，幾乎增加了二十倍。他從中挑選出四百篇左右，又花了一年多的時間整理撰稿。 1981 年，「半導體元件物理學」第二版上市。

施敏與 Wiley 出版社的合作非常成功。一方面，Wiley 的專業與認真的態度，獲得施敏的信賴；另一方面，施敏寫出了國際級的暢銷書，甚至被大家公認為是半導體界的

聖經，對 Wiley 而言，更是美事一椿。

施敏說，「Wiley 是歷史悠久的公司，成立於 1807 年，他們對作者的服務非常好，從 1967 年簽約以來，已經合作愉快超過四十年」。施敏的著作有八本是交給 Wiley 出版的。施敏形容寫書像生小孩，第一個最難，以後就越來越容易。現在已經那麼多本啦！

2007 年，「半導體元件物理學」第三版發行，剛好是 Wiley 公司成立 200 週年。

## 英文簡潔的魅力

很多人請問施敏，如何寫出暢銷全球的好書。他總是謙稱，最大原因可能是因為自己的「英文程度不好」。施敏說，「我英文不太好，不敢寫很複雜的句子。因為寫的每句話都很簡單，學生一看就看懂了，所以接受度高」。

其實施敏為讀者提供了很珍貴的資料。他幫助讀者越過半導體技術及英文的雙重障礙，以每句話不超過 25 個字的簡潔英文，擄獲人心。

把複雜的觀念用非常簡單的英文講出來，搭配清楚的圖表作說明，施敏做到了很多人可能一輩子也做不到的事。施敏說，他知道自己的英文程度，因此特別請一位美國人

為他的完稿做修改，多年下來，這位 Norman Erdos 先生總計為施敏修改過十三本書的內容。施敏幽默地說，「英文差的人，反而可以寫得比較讓人容易懂。」

此外，施敏的著作與時俱進，不斷地為讀者蒐集、整理、消化全世界發表的半導體相關文章，篩選出最重要的內容，了解消化之後從頭寫起，提供給讀者研讀或參考。

## 與時俱進的內容

從兩千、四萬，到三十萬，這是施敏在寫「半導體元件物理學」第一、二、三版時，蒐集篩選的半導體論文數。

施敏說，「選文章是很大的本事」。他在寫第二版「半導體元件物理學」時，全世界半導體相關論文已經有四萬篇，要從中選四百篇，等於是百分之一的比例。到了第三版時，更高達三十萬篇，幾乎只從千中選一。

此外，施敏的著作雖多，但他堅持沿襲一脈相傳的專業術語（terminology），不管出版了幾個版本，書裡的文章，全部用一樣的術語，讓讀者讀來統一而連貫。

## Simon M. Sze 全球聞名

施敏坦承他比較喜歡寫書，而比較不喜歡編書。如果

是編輯，當中的撰文者有很多位，整體寫作風格不易達成一致性。

1969 年，第一本「半導體元件物理學」出版上市，施敏才三十三歲。由於著作暢銷全球，施敏的大名 Simon M. Sze ，也成了半導體領域，無人不知、無人不曉的人物。

（註）
施敏的書被引用二萬四千次以上（資料來源：ISI Press, Philadelphia.）

# 三千小時的堅持

寫一本書，需要多久？

施敏說，三千小時到四千小時。

他強調，唯有嚴格、擇善固執，和很強的堅持，才能夠完成一本好書。三千小時的堅持，有如一場馬拉松。迎接施敏的是，暢銷書的榮銜。

## 每天五、六個小時

盡量把事作好，從來不投機取巧的施敏，作研究時，生產力至少是別人的三倍。別人一年發表兩、三篇論文，但他卻可以輕而易舉地，一年就發表了十篇以上。

不過，寫書時，施敏的速度就沒有這麼快了。因為，寫書很花時間。施敏說，他寫第一本書，花了三千到四千個小時。

施敏是一個很容易快速專心的人，坐下來五分鐘就能工作，但即使如此，他還是花了三千多個鐘頭，才完成第一本著作。寫書那一年半，施敏每天專注寫書五、六個小時，除了吃飯、睡覺之外，大多的時間，都投入寫作。

## 轉眼半年未見

施敏認真寫作的一天，行程是這樣的。他通常一早，七點鐘就已經到實驗室，一直忙到晚上十點才回家。早出晚歸的，不是孩子還沒有起床，就是已經入睡了，曾經連續五個月沒有看到兩個孩子。

施敏說，他很感激太太支持，讓他全心寫書。舉凡家事與小孩，都不要他分心。只是小孩子長得很快，施敏說，這讓他有點遺憾，沒有能夠多陪陪小孩。

## 感恩老闆支持

施敏笑說，第一次提出寫書的想法時，他被當時的老闆澆了冷水，並且說寫書是浪費時間的事。還好，很快施敏換了個新的部門主管 Bob Ryder 博士。Bob Ryder 博士不但支持施敏利用上班時間寫書，甚至還支援部門助理幫忙打字、畫圖表等。此外，還核簽了六千美元，讓施敏得以把圖書館蒐集到的半導體相關文章，全數印出來。

施敏說，主管的支持，才能讓他以一年半的時間，完成第一本著作。

第二本書，施敏獨力完成，又花了一年半的時間。到了第三本書，施敏與他在貝爾實驗室的同事伍國珏（Kwok K. Ng）博士合著。

談到第三版的出版，施敏認為伍國珏（Kwok K. Ng）的功勞相當大。第三版大約拿掉第二版百分之五十的舊資料，又加入百分之五十的新資料，整整花了五年時間。

## 堅持，才能寫書

寫書很花時間，而且需要全副心力投入，相當辛苦。寫過那麼多書的施敏說，他有一個結論，那就是，寫書沒有捷徑，只有能夠堅持的人才能寫書。

　　由於半導體相關的論文越來越多，準備出版第三版「半導體元件物理學」時，負責半本書的伍國珏（Kwok K. Ng），整整花了五年多時間。施敏說，「伍國珏有個特點，是我最欣賞的，那就是擇善固執（stubborn），也就是這種人才能寫書。」

　　施敏認為，假如不能擇善固執，和很強的堅持，可能半途就放棄了。但伍國珏卻能從 2001 年開始，直到 2006 年交稿給 Wiley，堅持了五年多。（註）

（註）
伍國珏，美國羅格斯大學電機學士，哥倫比亞大學電機博士。1980 年服務於貝爾實驗室。現任美國 Semiconductor Research Corporation 元件科學資深經理（Sr. Director of Device Sciences）。

# 「浮閘記憶體」
# 與肉形石

2007 年，第三版「半導體元件物理學」(Physics of Semiconductor Devices) 出版。

隔年，國立交通大學出版社取得中文翻譯版的授權，分別在 2008 年 8 月及 2009 年 4 月出版面市。

施敏特別為這本中文翻譯版本，選了一張故宮典藏的國寶「肉形石」照片當封面。這塊名聞天下的肉形石，竟然與施敏發明的「浮閘記憶體」，有著類似的構造。

## 第三版的中文版

2007 年，第三版「半導體元件物理學」(Physics of Semiconductor Devices) 仍由 Wiley 出版社出版。隔年，國立交通大學出版社取得施敏同意中文翻譯的授權，分別在 2008 年 8 月及 2009 年 4 月，以上、下兩冊，出版了中文版。

施敏特別為這上下兩冊的第三版中文翻譯版本，選了一張故宮典藏的國寶「肉形石」當封面。因為，這塊名聞天下的肉形石，竟十分奇妙地，與施敏發明的「浮閘記憶體」，有著類似的構造。

## 故宮三寶

施敏所選的這個「肉形石」，與翠玉白菜、毛公鼎，合稱「故宮三寶」。它是一塊自然生成的瑪瑙，由於在生成過程中受到雜質影響，所以呈現出不同顏色的層次，外觀就像一塊肥嫩嫩的東坡肉，故得名「肉形石」。

施敏解釋，這肉形石的結構，就像「浮閘記憶體」。由上而下，最上層深色肉皮就像「浮閘記憶體」元件的金屬控制閘（Control Gate），接下來的肥肉層對應到記憶體上層的絕緣氧化層。

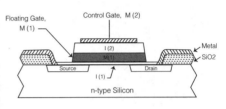

「故宮三寶」之一的「肉形石」，與施敏發明的「浮閘記憶體」，有著類似的結構。

　　再下來，第三層瘦肉層就像是最關鍵的浮閘（金屬層）（Floating Gate），下面的肥肉層，正好對應到第四層的氧化層，加上最下層的基座有如第五層的半導體，完全符合「浮閘記憶體」的五層堆疊結構。

　　以這塊聞名中外的中國國寶來形容浮閘記憶體，施敏希望，學子們在學習半導體知識時，也能注意到中國文物之美，讓科學與人文並存並重。

第四章

培育人才

# 董浩雲講座

1968 年，在董浩雲講座的支持下，施敏到交通大學任教一年。當時，施敏所寫的「半導體元件物理學」(Physics of Semiconductor Devices) 正準備出版，交大研究生因此有機會成為全世界最早接觸該著作內容的學生。

交大培育出中華民國第一、第二、及第三位國家工學博士，張俊彥、陳龍英及褚冀良，他們的論文指導教授，都是施敏。

## 台灣首創 電子研究所

　　1958 年，王兆振、方賢齊、朱蘭成、趙增珏、潘文淵等上海交通大學畢業的校友，倡議交通大學在台灣復校，首先成立台灣第一個專門研究電子科技的「電子研究所」，積極培育電子科技人才。1965 年交通大學恢復設立工學院，除了「電子研究所」之外，又增加了電子工程、電子物理、控制工程、電信工程等學系。

　　在師資方面，交通大學的熱心校友們，也積極奔走。施敏曾經在 1966 年 6 月回台灣，到清華大學由台灣大學、清華大學，以及中央研究院共同舉辦的暑期講習班授課二個月。年輕的施敏的授課內容，讓許多人留下深刻的印象。

　　不久，施敏接到一個邀請，有一個董浩雲講座，希望他再回台灣，到交通大學授課一年。

## 船王的邀請

　　1967 年底，有一天，施敏接到一通電話，告訴他，董浩雲想跟他見面。董浩雲有中國船王之稱，他是前香港特首董建華的父親。董浩雲手下有很多交大畢業生，這些熱心的校友，說服他們的老闆，支持交大設置一個講座，聘請名師，到交大任教。

施敏從紐澤西州開車到紐約，去拜訪董浩雲。施敏還記得，董浩雲胖胖的，人很和氣。他告訴施敏，很高興能夠設立一個講座，並熱情邀請施敏回台灣，為交通大學授課。

董浩雲講座以每個月一千美元（約當新台幣四萬元）的酬勞，聘請施敏，任教一年。當時，施敏在貝爾實驗室（Bell Labs）的月薪超過二千美元，這樣的條件對他而言，只是半薪。

在 Bell Lab 做研究時，施敏心裡總希望，自己未來能夠對台灣有些貢獻與幫助。加上他思念雙親，也希望二個小孩有機會多學學中文，因此就接受了董浩雲講座的邀請。1968 年，在 Bell Labs 安排了留職停薪一年，高高興興地帶著妻小，回台灣來了。

這一年，施敏剛完成被譽為全球半導體聖經的鉅著「半導體元件物理學」(Physics of Semiconductor Devices)，書籍還沒有出版，施敏特別將書中好幾個章節的內容做成講義，先給交大的研究生上課。

## 第一位國家博士 張俊彥

同一年，對交通大學長遠發展十分關心的朱蘭成教

授，終於成功地說服了教育部，開始在交通大學招收工程博士班研究生。

施敏還記得，朱蘭成到辦公室來找他，對他說，交大剛剛錄取了一名博士生，希望請施敏來指導他的博士論文。

起先，施敏感到為難。因為，支持施敏到交大的董浩雲講座，原先講好的是，在交大開一門課，帶四個碩士班的學生。來到交大後，施敏不但開了「半導體元件」及「積體電路工程」二門課，而且還指導了八個碩士生。已經十分忙碌的他，覺得自己沒有更多時間，可以再帶一名博士班學生。

朱蘭成並不放棄。他對施敏說：「你一定要幫忙。這個學生已經考取博士班，而且非常能幹、認真。他可以自己獨立做研究，整個實驗室根本就是屬於他的」。朱蘭成堅持要施敏跟這名學生談一下，而這名學生就是後來成為交通大學校長的張俊彥。

施敏請張俊彥到辦公室來談了一下，隨即同意了朱蘭成的推薦。見面時，張俊彥很客氣，他希望施敏能給他一個博士論文的題目。第二天，施敏給張俊彥一個研究題目「金屬半導體介面之研究」，還有一套施敏自己用過，覺得很好的軟體程式。

施敏盛讚張俊彥很優秀，他認真地做實驗與研究，短短一年的時間就畢業了。當年博士學位還不能由學校直接授予，必須經過教育部的嚴格考核，由國家頒證。

1970 年，教育部成立了工程博士學位審查委員會，並邀請施敏從美國回台灣擔任審查委員。張俊彥順利通過學校及教育部的口試，於 7 月 17 日，成為中華民國第一位工學博士。

## 買設備，朱蘭成先墊錢

施敏說，張俊彥能夠快速完成博士論文，最該感謝的人，就是朱蘭成。當時，張俊彥在交通大學博愛校區，不大的實驗室內，埋首研究。遇上要請購設備或儀器，就要向校方申請。但依照交通大學的規定，這樣的採購，必須經過複雜又冗長的申請過程，也許要長達六個月的時間。這種情形，看在置身資源豐沛的 Bell Labs 多年的施敏眼裡，簡直不可思議！

施敏說，連小小的實驗用品如濾光器都要六個月後才能有錢買的話，他老早已經離開交大，回美國去了。朱蘭成一知道這件事，馬上從口袋拿出支票，嘩的一聲，就開了一張五百美元（幾乎是現在新台幣 50 萬元） 的支票交

給施敏。朱蘭成告訴施敏，錢先拿去用，等經費申請下來了，再還給他就好。

施敏把支票交給張俊彥，讓他的研究不致於停頓。短短一年時間，張俊彥就完成了他的博士論文。

## 陳龍英、褚冀良到 Bell Labs

除了張俊彥，朱蘭成為交大培育人才的努力，並未稍歇。

1969 年 7 月，施敏結束董浩雲講座，回到 Bell Labs。不久，又接到朱蘭成的來信。信中說，他正在擔心，交大第二個博士班學生，還是沒有人指導。

當時施敏已經被擢升為 Bell Labs 實驗室主任（Group Supervisor），部門內有很多人員，所以，再增加一、兩位研究人員，並沒甚麼大問題。雖然有這麼好的機會，但財務上，還是一個關鍵，交大並沒有經費送博士生出國。最後，還是靠朱蘭成的遊說解決了問題。

當時 Bell Labs 總經理 James Brown Fisk 博士，正好是朱蘭成在麻省理工學院（MIT）的同班同學，朱蘭成就給 Fisk 博士打了電話。Fisk 博士很給面子，痛痛快快地馬上同意了朱蘭成的提議，贊助二名交大博士生，到 Bell Labs

進行研究所有的費用。

所以，先是陳龍英，接著是褚冀良，他們二人先後到施敏的部門報到。Bell Labs 的實驗環境，真是讓他們大開眼界。施敏選定題目，讓二人投入研究，並指派實驗室裡的技術人員（technician）幫忙他們做實驗，協助他們完成博士論文。

張俊彥、陳龍英及褚冀良，是分別於 1970、1971 及 1972 年通過教育部審核的中華民國前三名工學博士。施敏強調，朱蘭成是交通大學及張俊彥、陳龍英及褚冀良等人的大貴人。沒有他的奔走，不會有這幾位優秀的博士誕生；沒有他四處遊說請託、出錢出力，交通大學也無法在台灣將半導體產業發展成「鎮國之寶」的過程中，提供最多專業人才，並做出最大貢獻。

2010 年 6 月，交通大學肯定施敏對交大人才培育的貢獻，特別頒發給他終身講座教授的榮譽。為交大栽培了許多優秀學生的施敏，卻謙稱自己，只是略盡棉薄之力而已。

## 薪酬差距大

董浩雲本來有意長期支持，這個能夠帶給交大優良師

資的講座。但是，後來卻只辦了一年就喊停。董浩雲講座
成了空前絕後的歷史。

1968 到 1969 年間，國內大學教授的薪水，月薪大約
新台幣五千元左右。董浩雲講座支付的酬勞，卻高達新台
幣四萬元。

很多人得知施敏的高薪後，十分不平。甚至還有人告
上教育部。後來教育部還特別出面說明，告訴大家，施敏
的酬勞並不是由教育部支付，完全是由董浩雲的私人講座
所贊助。

只是人們並沒有想到，在 Bell Labs 任職的施敏，當時
月薪是二千美元，在匯率一比四十的年代，等於是新台幣
八萬元。董浩雲講座支付施敏的，只是他在貝爾實驗室一
半的酬勞。

一番喧騰，傳到了董浩雲耳中，使他相當不悅，於是
決定，董浩雲講座的贊助計畫，不再繼續。


## 兒女的中文課

施敏願意接受以半薪到交大授課，最大的原因是想回
台灣探望並陪伴父母。另外一個原因是，已經有兩個孩子
的他，也想帶著兒女，回台灣學中文。這一年，施敏的兒

子迪凡六歲，女兒怡凡一歲。

1968 年，首度跟父母回到台灣的施迪凡與施怡凡小兄妹，在交大九龍宿舍門外，與父親施敏合拍了一張極可愛的腳踏車合照。而擔任攝影師的，正是他們的母親，王令儀。從此，他們每十年就會重拍一張這樣的合照，由爸爸騎著腳踏車，前面載著妹妹，後面載著哥哥。

1968 年，施敏與子女的「腳踏車照」，兒子這年 6 歲，女兒施怡凡 1 歲。（攝於交大九龍宿舍）

施敏也曾經想過到台灣大學授課，但當時交通大學的半導體實力已經很強，這也是他接受董浩雲講座邀請的另一原因。到交大授課的這一年，施敏經常從新竹到台北，探望父母親。

（註）

朱蘭成，（1913～1973）江蘇准安人，1934年畢業於上海交大，1938年獲麻省理工學院（MIT）博士，曾任MIT電機系主任，為國際電磁波泰斗。去世前的十幾年中，他殫精竭慮，為交通大學網羅師資，並提拔人才，奠定交大發展基礎。

James Brown Fisk，(1910～1981)，曾於1959～1973年擔任貝爾實驗室總經理，1974年退休。

張俊彥，曾任交通大學校長。博士論文是" Carrier Transport Across Metal-Semiconductor Barriers, "發表於 Solid State Electronics, Vol. 13, p.727 (1970).

陳龍英，曾任交通大學副校長、空中大學校長。博士論文是" Carrier Transport and Storage Effect in Au Ion Implanted SiO$_2$ Structures, "發表於 Solid State Electronics, Vol. 15, p.979 (1972).

褚冀良，曾任天弓飛彈的負責人之一。博士論文是" Thermionic Injection and Space-Change-Limited Current in Reach Through p$^+$np$^+$ Structures, "發表於 Journal of Applied Physics, Vol. 43, p.3510 (1972).

# 作育英才

在台灣與大陸，施敏培育了非常多的半導體人才，很多半導體領域裡的重要人士，都是他的學生。

任職貝爾實驗室 27 年間，施敏共申請留職停薪 5 次，由美國回到台灣講學。從 1966 年起，學生遍及交通大學、清華大學、台灣大學及中山大學。

1990 年，施敏從貝爾實驗室提前退休，到交通大學任教。教學迄今，累計台灣的學生人數，早已超過萬人。

施敏也到大陸的十所大學短期授課，累計學生人數超過千人。

施敏影響了很多人。對許多上過他課的學生而言，他所傳授最先進的半導體知識，讓很多人決定，投身半導體產業。

施敏 27 歲取得史丹福博士學位。1966 年，第一次以海外專家的身分回台授課時，獲得總統蔣中正先生接見。蔣總統見他年輕，還特別開口問他，「你貴庚呀？」，那一年，施敏才 30 歲。

## 五次回台授課

許多人因為施敏的著作「半導體元件物理學」（Physics of Semiconductor Devices），記住了 Simon Sze 這個名字。由於這本書首次發行的時間是 1969 年，因此，很多人以為，施敏的年紀應該很大了。以為他已經八、九十歲了的人，不在少數。

其實，施敏於 1969 年出版第一本書的時候，才不過 33 歲。

施敏在貝爾實驗室任職 27 年，期間申請留職停薪五次，回台灣授課。第一次是 1966 年暑假，在清華大學舉辦的暑期講習班。第二次是 1968 到 1969 年，由船王董浩雲支持的講座，施敏到交通大學任教一年。

第三次，1972 年又回交通大學授課一學期。

第四次，1974 到 1977 年，施敏到台大授課。第五次，1986 年，中山大學剛成立不久，施敏前往授課一個學期。

## 台灣大學：1974-1977

1974 年，施敏到台灣大學，授課三年。

施敏開的兩門課，「半導體元件」與「積體電路工程」，在台大引起熱潮。選課的學生很多，他們對這位從研發聖地貝爾實驗室回來的教授，有著很高的崇拜與仰慕。包括電機系、物理系的研究生及大四學生，都選了這堂課。

當年台大一班大約有 60 名學生，但是原來排定的教室，座位根本不夠。施敏連續開課三年，正式選課的學生人數超過 200 名。但依照當時上過他課的學生描述，大型教室被擠得滿滿的，每堂課的學生人數，遠遠超過 200 名。

施敏記得，這些台大學生十分優秀，上課也十分認真。

在那三年當中，上過施敏課的學生，包括鈺創科技創辦人盧超群、中央研究院院士王文一、交通大學副校長謝漢萍，以及台積電研發副總經理暨技術長孫元成。

## 中山大學：1986

1986 年，位於高雄的中山大學，成立不久。這一年，學校積極地網羅優良師資。中山大學創校校長李煥，曾任教育部長，與施敏的舅舅是老朋友，施敏也很早就認識這位長輩。

所以，當中山大學一成立，施敏的舅舅就希望他能夠到中山大學去幫忙。因此，施敏又從貝爾實驗室留職停薪，到中山大學任教一個學期。

## 交通大學：1990

交通大學是台灣最早成立電子研究所的大學，也是培養半導體與電子產業人才最重要的基地。施敏任職貝爾實驗室時，五次留職停薪回台授課，其中就有二次是到交通大學。施敏對於交通大學，有著一份很特別的感情。

1989 年，施敏從貝爾實驗室退休。退休前，他與當時交通大學研發長，張俊彥聯絡。當時，擔任校長的是阮大年。交通大學很快地聘任施敏擔任講座教授，1990 年 3 月起，施敏到交通大學任教。

2010 年 6 月，為了感謝施敏對學校的長期貢獻，交通大學特別頒贈終身講座教授予施敏，這是身為做育英才

施敏的影響力，延伸全球半導體產業。讀過他寫的書、或是聽過他課的學生，如今皆為產業的重要人士。張俊彥（左）是台灣第一位國家工學博士，他的論文指導教授，正是施敏。2012年3月，在NVSM發明45周年研討會上，台積電（TSMC）研發副總經理暨技術長孫元成（Jack Sun）開心地與他的老師張俊彥合照。孫元成也是施敏的學生，他於1975年在台大選修施敏所授的「半導體元件物理學」。

的教授相當高的榮譽，由當時交通大學校長吳重雨親自頒證。

## 學生超過萬人

從 1966 年開始授課至今，算起來，施敏在台灣教過的學生，早已超過一萬人。若以五年為一代來計算，施敏

的學生，差不多已有八代了。

如果連學生的學生也計算在內，那麼數量就更為驚人了。論輩份，施敏已堪稱是「太祖師爺」！

## 很多「大」學生

施敏的學生，很多人的年紀都比他「大」。而且，在台灣決定發展半導體產業之後，施敏的學生當中，很多人後來都當了「大」人物。對於學生的表現，施敏感到自豪，直稱他們是，青出於藍。

台灣前五位國家工學博士，其中有四位的博士論文，皆由施敏指導。其中，第一位工學博士，前交通大學校長張俊彥，只比施敏小一歲。而第三位工學博士褚冀良與第五位工學博士蘇翔，年紀都比施敏來得大。

1974 年，工業技術研究院（簡稱：工研院，ITRI）成立了電子所（ERSO），接著又在 1976 年，成立 IC 實驗工廠。單位裡的人才，很多都是施敏的學生。這些人後來延伸到產業界，紛紛成了半導體及電子產業裡的「大」人物。

## 大陸，教學之旅

2002 年起，施敏準備了一套為期三週的課程內容。

在大陸，每年選一家大學前往講學，足跡遍及蘇州大學、山東大學、安徽大學、東北大學、上海交大、西安交大、吉林大學、北京交大、北京工業大學及大連理工大學等十所大學。

這是施敏對太太的一個承諾。為了感謝太太全心照顧家庭和小孩學業，讓施敏能夠專心從事研究發明及寫書的工作，完全沒有後顧之憂，施敏答應太太，陪她去任何她想去看看的地方旅遊。

就這樣，施太太每提一個大陸的景點，施敏就連絡景點附近的大學，表示自己有興趣前去講學。

## 不貪，皆大歡喜

施敏與學校連絡的信，寫得簡單而且乾脆。所有接到他來信的學校，都感到意外與驚喜，並表示熱切歡迎。

不必多做介紹，光是看到施敏的履歷，就已經夠驚人的。除了研究、發明、著作、講學的輝煌紀錄，施敏更是獲獎無數。

施敏早在 1977 年就獲得電機電子工程師學會會士（IEEE Fellow），隨後又在 1991 年獲得研究半導體元件的最高榮譽，電機電子工程師學會（IEEE）中電子元件學會

的最高技術獎章 J.J. Ebers 獎（IEEE J. J. Ebers Awards）。1994 年，他當選中央研究院院士。1995 年，當選美國國家工程院院士，隨後在 1998 年，又當選中國工程院外籍院士。

　　享譽國際的大師講學，鐘點費是可觀的。但施敏却對這些大陸的大學表示，他願意免費教學。

　　唯一的條件是，請學校為他與太太二人，安排周末的旅遊行程。施敏笑說，他在大陸的教學足跡，完全由太太指定，太太想去哪裡玩，他就去哪裡講課。

　　就這樣，施敏到「安徽大學」講學三個星期，陪著太太把黃山走了一趟。想去看看孔子故居及青島，便到「山東大學」授課。想去看看太太在遼寧省瀋陽市附近的老家盤山縣，就去了「東北大學」。想看長春及附近名勝，便到「吉林大學」。

　　到「蘇州大學」上課，課餘時間夫婦二人漫步參觀了許多蘇州庭園。想看上海灘，就到「上海交大」講學。想看秦俑，就連絡了「西安交大」。在「北京交大」及「北京工業大學」講學時，剛好參觀了鳥巢、水立方等幾個奧運體育館。

　　施敏每星期授六堂課，三週合計十八堂課，其他時間

他與太太到附近景點遊歷欣賞。

　　施敏到過的這十所大學，參與課程的學生人數總計，約有千餘人。施敏笑說，雖然在人數上比不上台灣，但希望對大陸的半導體發展，也能小有貢獻。

## 給學生的話

　　半導體元件物理學這門課，用到很多物理，包括固態物理學、量子物理學及統計物理學等，很多人都說，這門課可能是電機系裡的各個科目中最難的。

　　施敏常對學生說，對這堂課來說，數學與物理的基礎，最為重要。

　　如果有學生考不及格，施敏的反應會是甚麼？施敏說，不及格表示這門課你拿不到成績，假如還需要這個學分，那麼下次就一定要及格才可以。但他想了一下又說，如果真的不及格，那麼他應該會建議這名學生不要再選這堂課，可能這門課對他而言太難了，不要再浪費時間。

　　施敏的九舅齊志學先生年輕時考取北洋大學土木系，但第一學期微積分不及格，他不肯放棄，第二學期又考，結果還是不及格。由於精神緊張，引起失眠。結果，土木系沒有讀成，反而導致他一輩子失眠的痛苦。施敏說，如

果舅舅早些轉系，他這輩子的生活品質會好很多。舅舅這個痛苦的經驗，可供學生們參考。（註）

## 熱情工作，貢獻人群

施敏認為，能看到學生們對社會人群做出貢獻，是讓他最感高興的事。

他總是提醒學生，對自己所做的事情感到興趣、充滿熱情，是最重要的。至於薪水，只是工作回饋給你的副產品。他強調如果心裡只想著薪水，是很糟糕的事。

施敏在貝爾實驗室任職 27 年期間，津津有味地投入研究工作，對自己所做的事情一直都興味盎然。也因此，一些也許別人看來特殊的創意，得以因此源源而出。

（註）

齊志學生於 1916 年，祖籍吉林省伊通縣人。1949 年播遷來台後，初服務於台灣電力公司。在擔任秘書處處長任內奉調經濟部參事又兼代總務司司長，後又改聘為顧問；負責擔任經濟部與國會及新聞界之連絡與協調工作。1992 年國會全面改選後，連絡工作告一段落，乃告老歸隱。計在經濟部服務十四年，為六任部長順利協調（經濟）部、（立法、監察）兩院之間的關係。

在經濟部服務期間同仁尊稱他為「齊公」，因為他古道熱腸、克勤克儉、有儒者風範，尤其對年輕後進之提攜，不遺餘力。退休前，總務司同仁特致贈「見賢思齊」銀牌一面，以誌去思。

# 交大教授心目中的一位大師

　　施敏被選為 IEEE Fellow、獲得 IEEE J. J. Ebers Award，並獲選為中央研究院院士、美國國家工程院院士、及中國工程院外籍院士。這些肯定，說明他是一位世界級的大師。

　　交通大學前校長鄧啟福、前校長張俊彥、前校長吳重雨、前副校長陳龍英、副校長謝漢萍、電機學院院長陳信宏、電子工程系所教授黃遠東，以及電子工程系教授李鎮宜等人，談他們生命中與施敏的交會，以及心中對施敏的推崇。

## 全球聘名師

1958 年 6 月 1 日，國立交通大學在台灣復校，電子研究所正式成立。復校初期，政府徵收了一塊位於新竹十八尖山下博愛街的土地給交大當作校區。礙於經費，交大雖然有了土地，卻還沒有校舍。

胼手胝足的復校計畫，獲得了交大校友們的熱情捐款，加上美援經費補助，交通大學的校園裡，才有了「竹銘館」這第一棟建築。（註 1）

有了校區、校舍之外，熱心的交大校友們知道，為了學校發展與人才培育的長遠目標，母校最迫切的就是聘任世界級的名師。

當時任教於麻省理工學院（MIT）的雷達天線世界權威朱蘭成，於 1961 至 1973 年到交大任教，身為交大校友，他無時不在為交大的長遠發展費心。交通大學前校長張俊彥說，復校之初，幾乎百分之九十的世界級師資，都是由朱蘭成先生努力邀請到交大來的。（註 2）

## 半導體研究中心

交大於 1964 年設立半導體研究中心。1968 年，施敏受「董浩雲講座」的邀請，回台灣到交通大學講學一年。

幕後推動的，正是任職於董浩雲公司中的交大校友。他們的提議獲得老闆董浩雲的支持，才促成施敏從貝爾實驗室留職停薪，回台灣，到交大任教一年的計畫。

這一年，施敏受朱蘭成之託，擔任張俊彥的指導教授。1970 年，施敏還特別回國，擔任張俊彥通過國家工學博士資格的口試委員。

## 創世紀發明

二十年後，施敏於 1990 年提前從貝爾實驗室退休後到交通大學任教，當時擔任交通大學研發長的張俊彥特別向阮大年校長推薦邀請施敏為講座教授。張俊彥說，「這是交通大學極大的榮譽」。

張俊彥推崇施敏所寫的「半導體元件物理」（Physics of Semiconductor Devices）是半導體的經典之作。施敏的發明，是「創世紀的發明」，「對人類的科技文明具有偉大的貢獻」。

## 見證貢獻交大

前交通大學校長鄧啟福，是施敏台大電機系高一級的學長。鄧啟福於 1956 年從台大畢業後，隨即進入台灣

電力公司服務。接著考取交大電子研究所，為第一屆的研究生。畢業後，鄧啟福於 1961 年赴美密西根大學深造，1967 年進入貝爾實驗室從事微波工程方面的研究。

鄧啟福說，施敏大學的那一班出了很多才子，包括施敏、張立綱與蔡振水，後來都當選為中央研究院院士，是台大電機系當選中研院院士最多的一班。（註 3）

## 半導體先驅

鄧啟福在貝爾實驗室任職八年，1975 年回台灣陪伴母親，並開始於交通大學任教。三十多年歲月裡，鄧啟福親身見證了施敏與交大的深遠關係。

「施敏對交通大學的貢獻很大」，鄧啟福說，施敏從 1968 年就回台灣到交通大學任教一年；最早把暢銷全球的「半導體元件物理學」（Physics of Semiconductor Devices）書本內容，在交大做為教學內容，此外，還為交大培育了很多優秀的人才，包括交大前校長張俊彥、前副校長陳龍英等人，都是他的學生。

很多跟施敏不熟的人，都以為施敏年紀很大。鄧啟福笑著說，施敏年紀不大，大學小他一屆，加上施敏跳級就讀，所以，實際上比鄧啟福小了好幾歲。

　　鄧啟福說，施敏的母親與他的母親同年，兩人都很高壽。施敏的母親齊祖詮女士是清華大學畢業的高材生，學問很好。她在動盪年代不但全心照料兩個兒子的學業，甚至為了想要了解孩子未來最合適的出路，參加函授教學課程學習人相。施敏的母親於 2002 年過世，享年九十一歲。施敏於 2005 年把母親學習人相的筆記整理成「人相簡述」一書出版。

　　鄧啟福推崇施敏，在半導體的學術地位，是台灣半導體的一位先驅（Pioneer）。

## 儒慕大師風範

　　交通大學前校長吳重雨，是交通大學電子物理系第四屆畢業生，服完兵役他又回交大，繼續攻讀電子研究所及博士班學位。他說，1975 年讀研究所時，就是施敏以英文出版的「半導體元件物理學」的忠實讀者。

　　吳重雨推崇施敏的著作暢銷全球，很多人都對 Simon Sze（施敏的英文名字）十分仰慕。他怎麼也沒想到，自己能夠從「Simon Sze 的讀者」，變成「施敏的同事」。

　　吳重雨從 1980 年開始在交大任教至今。2007~2011 年擔任交通大學校長期間，他邀請施敏擔任講座教授，並

請施敏的學生之一，鈺創科技董事長盧超群支持這個講座。吳重雨回憶，在捐贈講座的記者會上，施敏拿出他保存超過 30 年，盧超群大四時字跡工整的考卷，簡直驚豔全場，更讓他對施敏的用心，敬佩不已。

吳重雨說，像施敏這樣一位大師級的人物，很多世界知名的大學都很歡迎他，但施敏卻選擇了交通大學。施敏對交大的支持與重視，讓吳重雨銘記在心。

吳重雨說，每逢交大有重要外賓來訪，名聞國際的施敏一出席，往往讓大家儒慕萬分。施敏也經常代表交大，熱心地為高中生及他們的家長，分析年輕人就讀交大及投入半導體產業的優點。他的演講幽默風趣又極具邏輯性，非常具有說服力。

## 感懷接送情

曾任交通大學副校長暨空中大學校長的陳龍英，算起來是施敏台大電機系晚六級的學弟。1963 年陳龍英大學畢業時，施敏已經拿到美國史丹福大學的博士學位，從美國西岸搬到東岸，開始在貝爾實驗室上班了。

當時台大只有大學部，唯獨交通大學有電子研究所。考完研究所隔天，陳龍英就到岡山的空軍基地報到，隔年

退伍才進交大。1966 年取得碩士學位的陳龍英，記得那時很多外商電子公司到台灣設立據點並積極徵才。設有電子研究所的交通大學，一個年級有 20 個學生，變得十分搶手。有人甚至連畢業典禮都還來不及參加，就已經被送到國外去受訓。

在熱心校友朱蘭成的安排下，張俊彥、陳龍英及謝清俊，成為交大第一屆博士班學生。當時，張俊彥已是交大副教授，陳龍英與謝清俊都是交大的年輕講師。

朱蘭成送謝清俊到他任教的麻省理工學院（MIT）深造，也為陳龍英找到了傅爾布萊特（Fulbright）交換獎學金計劃，送他到美國留學。出國前，陳龍英正在教交大五九級的學生。（註 4）

在美國紐約州修課一年，陳龍英成績十分優異。當時已經結婚的他，急著要回台灣看他剛出生的孩子。沒想到，這時竟然接到交大的通知，請他到位於紐澤西州 Murray Hill 的貝爾實驗室總部，向施敏報到。

當時貝爾實驗室的總經理 James Brown Fisk，正好是朱蘭成的麻省理工學院（MIT）同學。在朱蘭成的安排下，James Brown Fisk 特許陳龍英以研究員的身份，以一年時間，到貝爾實驗室完成他的博士論文。

1969 年 12 月，回台灣看孩子，停留了半年的陳龍英，來到貝爾實驗室向施敏報到。施敏這時候才 33 歲，已經是一個部門主管（Group Supervisor）。施敏安排了一位研究助理給陳龍英，協助他完成博士論文。

此外，施敏也在生活上，照顧陳龍英。當時一位客座教授范一陵，剛從美國到交通大學任教，她家正好住得離貝爾實驗室很近，一聽陳龍英要到 Murray Hill，馬上就邀請他住進她家，並多陪陪她的先生。

住的問題解決了，但陳龍英那時還沒有駕照。因此，很長一段時間，每天都是施敏開車接送陳龍英。

## 時髦的襯衫

1975 年，交通大學副校長謝漢萍還是台大物理系四年級的學生。那時施敏所寫的「半導體元件物理學」（Physics of Semiconductor Devices）已經出版，而且十分暢銷。台大學生覺得一位中國人能夠以英文寫這麼厚的一本書，實在很了不起，所以得知施敏開課，大家都搶著去上他的課。

但除了授課內容，施敏的襯衫，也讓許多人留下難忘的印象。謝漢萍說，老師的襯衫很特別，領子與襯衫以不同顏色搭配，相當具有時髦感。

## 名師出高徒

謝漢萍清楚記得當年上課爆滿的盛況。他說,其中電機系與物理系的同學最多。他記得電機系的孫元成與盧超群,物理系的熊暉及王文一,都和他一起修了施敏的課。

很多人因為這堂課,決定了自己的人生方向,踏入半導體的世界。畢業後盧超群、孫元成、謝漢萍、莊景德都曾在 IBM TJ Watson 研究中心任職。如今,盧超群成立鈺創科技並擔任董事長、孫元成擔任台積電研究發展副總經理暨技術長,與孫元成同班的莊景德,自 IBM TJ Watson 研究中心退休後,現為交大電子工程系教授。熊暉擔任佳世達總經理,而王文一則因研究半導體物理有成,獲選為中央研究院院士。

力晶總經理王其國,是台大物理系比謝漢萍高一屆的學長。謝漢萍說,王其國對他說過,投身半導體產業多年,只要碰到問題或任何疑難雜症,他第一個動作,就是重新翻開施敏教授所寫的書。

## 推崇與仰慕

謝漢萍推崇施敏發明的「浮閘記憶體」,對人類帶來巨大的貢獻。他指出,這個發明在 70 年代並不受重視,

沒想到如今，幾乎所有的電子產品都少不了它。

此外，謝漢萍最尊敬施敏的規律生活。只要他在台灣，每天早上九點鐘一定到辦公室，傍晚四點去十八尖山健走，周末就到台北探望舅舅，日子過得十分規律。

2010 年謝漢萍到上海交大講學一年。他發現大陸很多學生都認識施敏，施敏所寫的書，至今仍為半導體領域的經典。

施敏的名氣，為交通大學增光，謝漢萍對此感到相當驕傲。他說，「每次我為外賓介紹交通大學，只要再介紹我們學校有位全球知名的教授 Simon Sze，總是能馬上讓大家印象深刻」。

前交大研發長，電子工程系李鎮宜教授對於能夠與施敏院士一起在交大任教，感到榮幸。他認為，學校應該要先有傑出的老師，然後吸引優秀的學生，如此變成一個良性循環。他認為交大培養出優秀人才，擴散到產業界，正是台灣半導體產業發展的基礎。

1984 年李鎮宜留學比利時魯汶大學，適逢比利時微電子研究中心（IMEC）成立。六年之間，他看著這個中心從篳路藍縷，到一路發展成國際知名的研究中心。1990 年為李鎮宜進行論文口試的委員之一，正是 IMEC 創辦人暨

總裁 Roger J. Van Overstraeten。

口試通過之後，Roger J. Van Overstraeten 向李鎮宜道喜。他告訴李鎮宜，他即將回台灣任教的交通大學，有位大師剛到此校任教。他的大名是 Simon Sze 施敏，為 Roger J. Van Overstraeten 在史丹福大學博士班的同學。

## 和氣做大事

交大電機學院陳信宏院長表示，施敏擔任交大電子資訊中心主任時，曾想找他擔任副主任，但他認為自己不擅長行政工作而婉拒，後來由楊維邦教授擔任。施敏克服經費、規畫、施工等多重挑戰，為交大興建了方正雄偉又美觀的「電子資訊研究大樓」，讓陳信宏十分敬佩。

待人和氣的施敏，能夠把這麼大的一件事情做好，從各方面都獲得肯定，陳信宏認為第一個關鍵是施敏有獨到的眼光，再加上他的聲望，邀請到好人才參與其中，所以能夠順利成功。

## 影響力深遠

交大電子物理系 67 級、電子研究所 71 級畢業的電子系教授黃遠東說他大四讀了施敏教授的書，就對他非常景

仰。加上研究所時，交大有半導體中心，更讓他興起了「有為者亦若是」的志氣，希望能以向施敏教授學習當成努力的目標。

黃遠東喜歡交大，連兩個孩子都在交大就讀。曾經擔任奈米中心主任，半導體中心主任等職務的他說，交大能夠為產業及國家培養出優秀人才，替國家打基礎，非常關鍵的原因是早期這些願意從國外回來指導學生的教授們，施敏教授正是其中一位。

黃遠東記得，1990 年交大舉辦國際研討會，邀請施敏教授擔任主講人。參加研討會的外國教授看到施敏教授時，那種肅然起敬的模樣，讓黃遠東至今仍印象深刻。黃遠東會留心別人的書架，這也讓他體會到施敏的著作是如何地廣受歡迎。他發現，幾乎所有電機領域的人，書架上都有施敏的書。

（註 1）

凌鴻勛先生（1894～1981），字竹銘，於 1924 年至 1927 年擔任上海交通大學校長。1958 年 6 月 1 日國立交通大學於新竹復校，多賴他大力奔走。復校籌備期間，先生出任「交大電子研究所」籌備主任。交大復校後第一棟校舍，特取名「竹銘館」，以感念凌鴻勛先生對交大復校所作的卓越貢獻。

（註2）

朱蘭成先生（1913～1973），上海交通大學畢業，1935年及1938年獲得麻省理工學院（MIT）理學碩士及博士學位，畢業後留校任教。第二次世界大戰期間，朱蘭成在微波導波管及微波天線的研究發明，被用於雷達天線設計，因此獲頒美國總統科學獎，並於1958年當選第二屆中央研究院院士。

新竹交通大學復校後，朱蘭成於十幾年間，多次自費回台灣講學，並致力協助延攬名師及校務推動。1970年並促成麻省理工學院林肯實驗室捐贈一批藏書給交通大學。

（註3）

張立綱先生（1936～2008），台灣大學電機系畢業後，赴美獲史丹福大學博士學位。為美國國家科學院院士、工程院院士，中央研究院院士及中國科學院外籍院士。

蔡振水先生（1935～　），台灣大學電機系畢業後，赴美獲史丹福大學博士學位。為中央研究院院士，現任加州大學 Irvine 校教授。

（註4）

傅爾布萊特計畫（The Fulbright Program）係由美國國務院與外國政府共同推動之學術與文化交流計畫，目的在透過人員、知識和技術的交流，促進美國和世界各地人民的相互了解。台灣有許多領袖菁英，其中包括部會首長、大學校長、教授、藝術家和社運人士，都曾參與此一計畫。（資料來源：Fulbright Taiwan）

# 穿越時空的儒者

　　讀大四時，盧超群第一次接觸半導體的課程。他投注熱情、全心全意地喜歡上這堂課。他的啟蒙老師，正是施敏。

　　從留學、就業到創業，盧超群決定投入半導體產業，都是受到施敏的影響。

1974 年，鈺創科技董事長盧超群是台大電機系四年級的學生。施敏在這一年由美國貝爾實驗室（Bell Labs）留職停薪回台灣三年，在台灣大學任教。

台灣當時各種知識傳播不比現在，技術期刊大多靠船運到台灣，資訊比美國晚了二、三個月。儘管如此，盧超群跟他的同學們已經知道，半導體是個新興的技術，只是國內那時候真正了解半導體的人幾乎是鳳毛麟角。

施敏回國來擔任講座，當時造成很大的轟動。盧超群回憶，大家都覺得機會太難得了，雖是開給研究生的課程，但他們這些大四的學生也搶著修課。200 人的大講堂，每堂課都坐得滿滿的，沒有人缺席！

## 保存超過 30 年的考卷

2007 年 9 月 27 日，交通大學在浩然圖書館頒贈中央研究院院士、交大榮譽講座教授施敏「鈺創科技講座教授」。這項講座正是由施敏的學生盧超群，為感恩老師，特別在交大設立的。

施敏在頒贈典禮上，微笑著拿出盧超群當年在台大的考卷。這份由老師為學生保留了超過 30 年、紙張已經泛黃的作業，令眾人嘖嘖稱奇。施敏稱讚當年還是大學生的

盧超群作業認真，字跡工整，讓他感到「得天下英才而教
之」而無比欣慰。

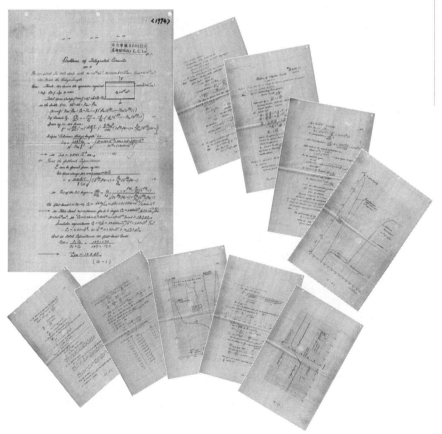

泛黃的考卷，寫滿了鈺創科技董事長盧超群大學時代認真而工整的筆跡。
他的恩師施敏教授為他保存了超過 30 年的時光。

接過這別具意義的禮物，盧超群感動萬分，讚嘆這簡直是不可思議的人生際遇！從此，盧超群將這份禮物，十分珍貴地保存著。

當年台大畢業的學生，幾乎都出國留學，同學們紛紛請教授寫介紹函，施敏教授的介紹函更是大家渴求的。但施敏只親筆替名列前茅的學生寫信，而且每人以三封為限。但是施敏卻對盧超群說：「盧超群呀，不需要準備三封，一封就包你中！」

## 求學就業　師生緣

在施敏教授及台大校長閻振興的推薦下，盧超群順利申請到哈佛大學及史丹福大學兩所學校的獎學金。

面對選擇，除了聽兄長盧志遠的意見，讓盧超群決定選擇史丹福大學的最重要原因，也是施敏教授。盧超群視施敏教授為學習典範，因此，他最後選擇了施教授的母校，史丹福大學。

盧超群說，聽了施教授的建議，真的很不錯。史丹福大學博士論文的考試特別要求口頭報告，養成學生肯拼、肯衝的精神。此外，史丹福大學還特別著重培養學生領導能力，目的是栽培卓越的領袖人才。

　　1981 年，盧超群自史丹福拿到博士學位，面對第一份工作的選擇，盧超群又去拜訪施教授。當時有二個單位都想錄用盧超群，一個是 IBM ，另一個是 Bell Labs。施敏並未直接給予建議，但他與盧超群談世界趨勢及大環境的變化，告訴盧超群要看大方向。一個有知識的工程師要怎麼去適應這變化趨勢，要怎麼把自己的知識活化，讓知識產生價值。盧超群獲得了許多的啟發，而後，他選擇了IBM。

　　盧超群一直與恩師保持聯絡，每隔一陣子便去請益一番，總讓他收穫良多。回台灣創業、參與次微米計畫，每個人生的重大決定，盧超群都學習以恩師的思考及看法，為自己做出判斷。

　　而盧超群與施敏教授的師生緣份，還可上溯到上一代。施敏的父親施家福與盧超群的父親盧善棟，都是礦冶界專家，盧善棟先生是交通大學礦冶系畢業的，施家福先生是法國礦冶專科學校畢業的。不過當年來台灣的礦冶人才來自交大礦冶系的比較多。盧超群說，直到他要到美國史丹福大學讀書了，才知道父親常提起的施家福，就是恩師施敏教授的父親。二代的情誼，更顯不凡。

## 要言不繁　幽默智慧的大儒

盧超群用「穿越時空的儒者」形容這位他心目中的典範人物。提起施教授，盧超群說他斯文、風度翩翩，講話要言不繁，總是帶著幽默與智慧，且謙虛為懷，完全就是我們中國人稱之的「大儒」形象。而他提出來的價值與理論，雋永且不受時間空間限制，可以一再回味。他的智慧與知識價值，可以傳承 50 年、100 年，是真正屬於「大師」級的人物。

談到施敏所給予的影響，盧超群認為第一是「化繁為簡」的能力。盧超群說，施敏說話簡潔幽默，上課的教材都是施教授自己寫的，大家都拿著油墨印的教材上課。他做學問能夠化繁為簡，把學問的精華變成一個隨即能熟悉的東西，艱深的半導體理論由他來介紹，馬上變得簡潔易懂。

施敏讓盧超群體認到，在研讀艱深的理論時，如果一直沒有辦法把它化繁為簡，變成自己親身的體驗，栩栩如生地在血脈裡、頭腦裡流動，那麼你便不可能創造出新東西來。盧超群說「老師教我什麼叫 living knowledge ─ 活的知識」。

　　施敏也讓盧超群瞭解什麼叫做「吾道一以貫之」，聽懂了一個道理，你就可以舉一反十。重點是你能不能抓到那個中心道理？盧超群認為施教授是非常重要的良師，他能夠抽絲剝繭從繁變簡，把道理抓出來，然後再請你自己從那個道理去推衍出很繁瑣的東西。從施敏教授學得了這套做學問的方法後，盧超群感念：「直到今天我仍然受惠！」

　　第二個讓盧超群受益良多的重點是施教授的「宏觀」，當施教授在閱讀一些資訊時，可以抓出一些統計數字，歸納分析背後的意義。例如，綜觀科技、產業、文學、音樂的長期發展，有一年施敏受邀在國際電子元件會議（IEDM）（註）國際研討會上演講，就提出一個令人難忘的見解。

　　施敏說，他從人類文化面觀察到，任何一個獨領風騷的世代，時間大概都延續了 150 年左右。例如，唐詩興盛約 150 年後，宋詞才興起；音樂史上最重要的古典作曲年代，從巴哈到貝多芬，也大約是 150 年。

　　施敏能夠從整理大量資訊之後，歸納出幾個「宏觀」的道理。有了宏觀的掌握，就不至於坐井觀天；而具備宏觀的素養，就不會眼高手低。盧超群說施教授教會他的是，如何透過宏觀，找出值得研究的主題，而又可以在那個研

究主題下做微觀具體成功的事。而盧超群現在做學問也仍使用著這種思維及研發的模式。

## 以半導體為一生事業

盧超群提到施教授寫了全球知名的一本著作，也是他們當年的教科書「Physics of Semiconductor Devices」，是施教授唸了很多很多的論文與研究資料，將重點匯編起來。當時盧超群看了教授的書，還會到圖書館把書中提到的原文出處一一找出來看，然後再去回想呼應書中所寫的內容。這樣讀著，讓盧超群對半導體研發產生極大的興趣，他說那是一個從摸索到享受的過程，享受那種知識貫穿的境界！最大的影響，是讓盧超群決定了將半導體作為一生的事業！

一個人所選讀的科系、所做的研究發明，或從事創業，都能夠在相同領域裡，不但做得出色，而且樂在其中的，盧超群說，這就是最大的幸福。而他認為，自己的幸福起源，可說是來自施敏教授的影響。

對盧超群來說，從事電路設計的樂趣是，能夠把自己的創意與想法，透過設計實現出來。夢想實現的剎那，就像武俠小說中說的，公子段譽看到美女王語嫣出來了！書

中自有顏如玉，就是這種境界吧！

## 鈺創與次微米計畫

　　1981 年取得美國史丹福大學電機博士學位後，盧超群隨即加入 IBM 。從 1982 年至 1990 年，他在 IBM Research Division 及 IBM 總部任職，他的努力與傑出的表現，獲得公司的肯定與拔擢，並頒發他對公司最高貢獻的 IBM Corporate Award 等多項榮譽，可說是如日中天的明星級人物。

　　這時候，高齡八十的李國鼎先生剛從行政院政務委員的職務上退休，獲聘為總統府資政。台積電才剛成立不久，整體半導體產業，仍有賴政府的大力推動。李國鼎要求當時擔任工研院副院長的史欽泰，以及台積電董事長張忠謀要盡力為國舉才，吸引人才回國參與半導體產業的推動。史欽泰找上了盧超群，帶著他去見李國鼎。

　　回想 1990 年，盧超群永遠難忘 80 歲的李國鼎老先生把他唸了一頓：「你爸爸盧善棟為國效忠，你哥哥盧志遠也在工研院，現在我們缺乏積體電路設計人才，張忠謀、史欽泰都說你可以做，你再不做…」。

　　其實，盧超群在 IBM 的收入豐厚，發展潛力看好，似

乎沒有理由回國創業。但李國鼎先生的一番話，激勵了他為國家做事的熱情。不過，盧超群堅持說，必須設立一家公司來做 IC 設計，他認為所設計的產品要能夠面對市場的考驗，做出來的東西才實在、有意義。

沒想到，兩個星期後，盧超群竟然被告知說，李國鼎先生同意他成立公司。1991 年，在李國鼎先生的擘劃下，年僅 37 歲的盧超群創辦了鈺創科技（Etron Technology），並與工研院電子所共同推動國家級次微米計劃。而後在擔任指導委員會主席張忠謀的邀請下，施教授也承擔委員一職，竟使盧超群在技術研究方面，又遇到了施教授的指導。

## 掌握打動人心的關鍵

2011 年 12 月，盧超群於科學園區管理局舉辦的「2011 高科技產業論壇」中發表精彩演說。他強調，半導體產業是台灣的「鎮國之寶」，是所有能夠打動人心、大受歡迎的電子產品不斷創新的基礎，更是牽動著現代人喜怒哀樂的關鍵。

他呼籲大家應該要跨領域合作，要能夠比客戶看得更遠，第一步先想如何打動人心，接著設計服務模式，而有了服務模式之後，才去定義產品。從系統產品的思維，去

體會終端客戶的需求，將可讓 IC 及半導體產業，有更長遠的發展。

盧超群的呼籲引起許多正面共鳴。清華大學光電所旺宏講座教授暨台聯大系統副校長劉容生也表示，當年他擔任工研院光電所所長時與聯發科的合作，就是光電所做系統、聯發科開發 IC，從系統產品去設想使用者的需求，發展出成功的模式。

電子資訊產業已發展了 50 年，盧超群說，以施教授的推論，「任何一個人類文明平均獨領風騷大約 150 年」。只要能夠掌握需求與趨勢的變化，未來至少還有 100 年要傳承下去。

（註）
國際電子元件會議（International Electron Devices Meeting，IEDM）是由國際電機電子工程師學會（Institute of Electrical and Electronics Engineers，IEEE）舉辦的國際會議。

經濟部（回覆）

施教荒先生

台灣海岸都電子工業推進小組委員

部長 孫運璿

工研院電子所 9/1/1974

經濟部（回覆）

部長 孫運璿

98369號

第五章

產業貢獻

# 孫運璿的感謝

　　1999 年 9 月 1 日，工研院電子所成立 25 週年的慶祝典禮上，總統府資政孫運璿先生鄭重表示，他特別要感謝協助他做決策的兩個人，一位是前行政院科技顧問 Bob Evans，另外一位，就是施敏。

　　1976 年，身為經濟部長的孫運璿，必須決定台灣是否應該積極發展積體電路？該引進哪一家公司的技術？該選擇哪一種技術？這諸多選項都代表著極大的投資與風險。

　　施敏除擔任「經濟部發展積體電路計畫工作小組委員」，也擔任孫運璿的個人顧問，為他做深入的分析與建言。

## 孫運璿：謝謝施敏

1999 年 9 月 1 日，工研院電子所成立 25 週年的慶祝典禮上，總統府資政孫運璿特別感謝兩位協助他當年做下重要決策的顧問。一位是前行政院科技顧問 Bob Evans，另外一位，就是施敏。

也許有人感到奇怪，為什麼孫運璿資政要特別感謝施敏呢？

孫運璿在經濟部長任內，決定從美國 RCA 公司引進 CMOS（ Complementary Metal-Oxide-Semiconductor ）技術，並派出傑出的年輕團隊赴美受訓。接著又在行政院長任內，克服萬難，發展超大型積體電路計畫，奠定了台灣 IC（ Integrated Circuits ）產業的發展基礎。

在做這些重要的決策前，孫運璿用心地挑選了顧問名單。而這些顧問也不負使命，他們針對投資的重要性、技術移轉的對象，到技術項目的選擇，都做出關鍵的建議。這些建議如今看來，都十分正確。

## 經常垂詢　個人顧問

施敏的父親是礦冶專家，與孫運璿這位電力專家，很早就認識，兩人還是經濟部的同事。大三暑假，施敏曾經

2002年，施敏探訪孫運璿資政。由於孫資政與施敏父親是經濟部同事，因此施敏一直尊稱他為孫伯伯。

到台灣電力公司打工。當時，孫運璿是台灣電力公司的總工程師。從小，施敏就尊稱孫運璿一聲「孫伯伯」。

1974 到 1976 年間，施敏第三度由貝爾實驗室留職停薪，回台灣大學授課三年。這段期間，他經常以顧問的角色，到孫伯伯身邊，接受他的當面垂詢。

1974 年 9 月 1 日，工研院電子所成立。時任經濟部長的孫運璿，聘任施敏擔任「電子工業諮詢小組」委員。

　　1976 年，為了引進海外 IC 技術，經濟部特別成立「發展積體電路計畫工作小組」，由七人組成。肩負歷史性重要任務的七名委員，包括召集人交通部電信總局局長方賢齊、副召集人經濟部技監室技監陳文魁，五名委員為何宜慈（行政院國科會副主委）、潘文淵（經濟部顧問）、馬賓農、施敏，以及杜俊元。這七位委員最大的責任就是分析並做出建議，到底台灣該不該發展 IC 產業。

　　施敏曾當面向孫運璿報告，說父親施家福多年探勘結果，發現台灣是水層岩，並沒有甚麼礦產。所以更該好好發掘腦力，發展高科技產業。

## 強力建議　投資半導體

　　1976 年，台灣準備積極引進海外技術，發展積體電路 (IC) 產業時，反對的聲浪很大，反對的理由很多，包括花費太高、風險太大、浪費國家資源…等。身為經濟部長的孫運璿，承受著很大的壓力。

　　計畫工作小組給孫運璿的分析報告中指出，台灣沒有地下資源，礦產稀少，唯一可以好好發展的資源就是腦力。腦力資源應該用在高科技方面，而半導體絕對是最新的高科技，對人類的影響很大，未來發展前景看好。所以結論

是，建議台灣「應該」發展 IC 產業。

## 四百萬美元　大手筆投資

　　為了引進海外 IC 技術，必須支付四百萬美元，積體電路計畫工作小組也針對投資報酬率，做了仔細的估算。

　　施敏說，當年對台灣的經濟情況來說，這筆投資當然算是很高的。不過，只要營運能夠順利成功，加上 IC 的應用領域很廣，政府的回收速度會是很快的。

　　「台灣沒有豐富的地下資源（礦產），只有靠著發展腦力資源（高科技產業）才有未來。」

　　　　　　　　　　　　　　　　　　　　　　　～施敏

## 選擇 CMOS 技術

　　積體電路計畫工作小組七名委員中，施敏從 1959 年研究所時期就開始接觸半導體、並且在美國貝爾實驗室，進行大量的半導體研發工作，當時在半導體方面已經有 17

年的經驗；杜俊元為施敏史丹福大學的學弟，當時是華泰電子總經理，半導體經驗有 15 年。他們二人是七人小組成員中對半導體元件及製程技術比較熟悉的。

當時列於技術移轉名單上的包括休斯電子（Hughes Electronics）、奇異電子（General Electric, GE）、美國無線電公司（Radio Corporation of America, RCA）、通用儀器（General Instrument），以及快捷半導體（Fairchild Semiconductor）等公司。施敏說，最後選擇 RCA 的原因，是他們的 CMOS 技術。

RCA 什麼技術都賣，包括 Bipolar （雙載子）、 NMOS（Ｎ型通道金屬氧化物半導體）及 CMOS （互補式金屬氧化物半導體）都賣。但積體電路計畫工作小組卻只選上了 CMOS 技術。其中，施敏的大力推薦，是很重要的關鍵。

施敏強調，CMOS 最大的優點就是，省電。該項技術，是由旅美華裔薩支唐教授於 1963 年所發明。

原本，施敏在貝爾實驗室的單位裡， Bipolar 及 NMOS 都做，直到後來又做了 CMOS 後，才發現這個技術有著極大的發展潛力。施敏舉例說，假設 CMOS 用一個單位的電力，那麼 NMOS 大概必須用到 10 個單位，而 Biploar 更是得用到 100 單位。因此，該選哪項技術，施敏心中早已有

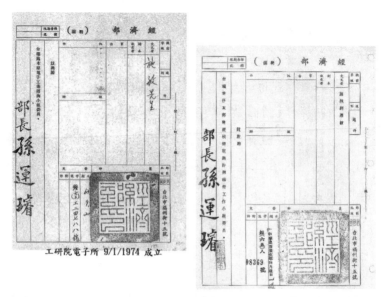

工研院電子所 9/1/1974 成立

左：1974 年 9 月 1 日，工研院電子所成立，時任經濟部長的孫運璿，聘任施敏擔任「電子工業諮詢小組」委員。
右：1976 年，為了引進海外 IC 技術，經濟部特別成立「發展積體電路計畫工作小組」，由七人組成。經濟部長孫運璿，特聘施敏擔任「經濟部發展積體電路計畫工作小組」委員。


了很清楚的方向。

　　選擇正確的技術，可說是這項攸關產業建立與長遠發展的重大投資，最重要的關鍵之一。如今，CMOS 成為半導體技術的主流，在台灣及全世界都是如此，可見當初的選擇，是正確的。

　　孫運璿學的是電力工程，施敏為了讓他理解 CMOS 為何是最省電的，還特別把電路分析給孫運璿聽。

　　施敏對孫運璿說， CMOS 只有在轉換的時候才會用到電，其他時候根本不用電，不像 Bipolar 的電路隨時都必須用電，所以會很費電。聽了施敏的介紹，孫運璿很快就理解了 CMOS 技術的優點。

　　回顧 1976 年，施敏說，「發展積體電路計畫工作小組」的七位委員對經濟部長孫運璿做出了四大建議。第一，積極發展 IC 工業。第二，巨額投資技術移轉之費用。第三，引進 CMOS 技術。第四，儘快決定合作對象，選派人員赴美受訓。

　　施敏說，現在回想起來，當初國家蠻窮的，投資四百萬美元的確是相當大的風險。他還記得，孫運璿聽了工作小組的建議，考慮半天之後，他認為台灣經濟的未來，恐怕應該要下這個賭注。

　　孫運璿下了決定，於是他去向總統蔣經國報告，很快地，這個積體電路計畫，就正式推動了。

## 英雄少年　亞洲之龍

　　RCA 那一套 CMOS 製程技術，跟別家公司比起來，算

是比較老舊的，所以價格也比較便宜。由於有潘文淵先生的支持、投入與照顧，我國派往受訓的小組成員回國後，很快就發展出自己新的 CMOS 技術。

施敏認為，當時引進 CMOS 技術，對台灣而言，時機很對。如果當年引進的是 NMOS 技術的話，台灣發展半導體及 IC 產業的路，可能就會晚了十年，也可能因此失去在全球 IC 產業競爭之機會。

時機之外，施敏說，最重要的是，派出國受訓的年輕人都學得很好，回台灣還能努力發展出很多新的技術，實在是台灣之福。

## IC 產業　最大功臣

孫運璿是台灣建立 IC 產業的最大功臣。

在為台灣發展一個全新的產業之前，他到處尋才訪問（除了「發展積體電路計畫工作小組」委員外，還有不少美國的半導體專家）、精心推敲。在決定放手一搏後，他又力排眾議、苦心推動。

孫運璿讓參與計畫的每個人都感受到自己肩負的使命，以及一份為國家做事的榮譽感。

積體電路計畫推動之後，短短 5 到 8 年間，台灣的

名字已被排在亞洲四小龍（Four Asian Tigers）之列，閃閃發亮，出口成績更成為四小龍之中的第一名。

　　從 1976 年開始學習，到如今的不斷創新，台灣在不到 40 年的時間裡，從無到有，建立起了一個新的 IC 產業。台灣 IC 產業締造了亮眼的成績，如今產值僅次於美國及日本，居世界第三。

（註）

台灣與韓國、香港、新加坡於 1970 到 1980 年代，被稱為亞洲四小龍（Four Asian Tigers）。台灣雖然未在衡量民眾所得水準的 GNP（國民生產總值， Gross National Product）排名上拿過四小龍之冠，但若以出口總額排名，在 1987 年以前，台灣出口成績，一直是四小龍的第一名。

# 悉心呵護 鎮國之寶

　　根據日經新聞（Nikkei News）
預估，2030 年，全球最大的產業，
仍將是電子資訊產業，預估產值將
達 10 兆美元。這個規模預估是同
期汽車產業的 5 倍，生化產業的
20 倍。

　　半導體產業是電子資訊產業之
基礎。但半導體產業競爭激烈，唯
有持續支持其未來 10 年、15 年的
前瞻技術研究發展，才能保持電子
資訊產業領先的優勢。

　　施敏呼籲，政府應該積極投
資，悉心呵護這一個好不容易發展
出來的「鎮國之寶」── 半導體產
業。

## 未來百年　寶座穩居

　　「半導體產業是台灣的鎮國之寶，也是電子
資訊工業之基礎，未來將延續至少一百年的
好光景」。　　　　　　　　　　　　～施敏

　　半導體產業支持著許多行業的發展，從電腦、通訊、
傳輸、教育，到娛樂等行業，是許多創新的電子與資訊產
品得以不斷推陳出新的堅強後盾。

　　而電子資訊產品對我們的生活與工作有全方位的影
響，幾乎沒有任何其他產業能夠取代它。施敏相信，未來
一百年，電子資訊產業仍將穩居全球產業龍頭的寶座。

　　日經新聞（Nikkei News）看 2030 年的電子資訊產業，
預估產值將達 10 兆美元，等於新台幣 300 兆元，仍是全
球最大的產業。這個規模將是同期汽車產業的 5 倍，以及
生化產業的 20 倍。（註 1）

## 150 年 群聚效應

施敏曾在 IEDM（ International Electron Device Meeting ）上，對國際人士發表演說，他發現人類歷史上，很多重大事物都十分集中。

例如唐詩，有名的詩人大多集中在公元 700 到 850 年。同樣的，古典音樂、理論及實驗物理，也都集中在 150 年左右。

以此推論電子資訊產業自 1950 年起應可延伸到 2100 年代以後，未來 50~100 年應有很好的發展。

## 遙遙領先的關鍵

美國貝爾實驗室在黃金年代裡，以一流的環境，吸引一流的人才，在受到充分支持的研發環境中，透過人才交流與制度管理，讓許多靈光一現的創造力激出火花，許多令人驚奇的偉大發明，因此源源而出。而這些發明，則又再一次地吸引了更多一流的人才加入隊伍。

人才、資金，環境，制度，絕對是企業或研究機構，得以遙遙領先的重要關鍵。

若不是 1976 年政府對積體電路計畫作下大膽投資，台灣不會從無到有，發展出全球第三大的半導體產業。

# 群 聚 效 應
## （Cluster Effect）

- 唐詩           公元 700 到 850 年

  李白、杜甫、白居易、王維、
  孟浩然、王昌齡、韓愈、柳宗元、
  李商隱、杜牧⋯

- 古典音樂      公元 1700 到 1850 年

  Beethoven、Mozart、Chopin、Haydn、
  Schumann、Schubert、Wagener、
  Bach、Handel、Liszt⋯

- 理論及實驗物理   公元 1880 到 2000 年

  Einstein、Bohr、Schrodinger、
  Pauli、Dirac、Heisenberg、Fermi、
  李政道、楊振寧、丁肇中

- 電子與資訊     公元 1950 到 2100 年

  Shockley、Bardeen、Brattain、Esaki、
  Kroemer、Alferov、Kilby、
  Berners-Lee ⋯ （註 2）

　　前瞻未來，施敏呼籲政府效法孫運璿資政的精神，大力支持未來的科技研發計畫，讓國家實驗研究院（NARL）、工業技術研究院（ITRI），以及大專院校的研究團隊，為產業的持續發展，孕育強大的能量。

　　談到政府支持的經費規模，施敏說，以新台幣億元為單位都不算多。因為，未來的投資報酬率將以兆元作單位，投資報酬率是很高的。

（註1）

日經新聞（Nikkei N ews）預測，2030 年電子產業的產值達 10 兆（Trillion）美元，汽車產業 2 兆美元，生化產業 0.5 兆美元。

（註2）

Shockley、Bardeen、Brattain 發現電晶體效應（transistor effect）、Esaki 發現穿隧效應（tunneling effect）、Kroemer、Alferov 發現異質結雷射效應（heterojunction laser effect）、Kilby 及 Noyce 發明積體電路（integrated circuit），都獲得諾貝爾獎。Berners-Lee 發明網際網路（world wide web）。

# 創立環宇電子

　　施敏籌備成立台灣第一家半
導體公司。在台灣紡織業者的投
資下，環宇電子在竹北買地建廠，
1969 年開工，只比 Intel 晚一年。
　　短短幾年內，員工人數成長到
1,200 人，培育出許多台灣電子產
業的菁英人才。

## 台灣，1968

1968 年，施敏從美國貝爾實驗室留職停薪一年，回台灣在交通大學擔任「董浩雲講座」教授。施敏開了兩門課、帶八個碩士班學生以及一個博士班學生，當時的交通大學是台灣最早培育半導體專業人才的最高學府。

有一次，施敏與交通大學當時的校長劉皓春談到學生畢業以後的出路。他對劉校長說，交大畢業的學生，全為外國公司所用，台灣沒有任何企業可以留用這些人才，實在可惜。劉校長也深表同意。

## 投資成立環宇電子

經友人介紹，施敏認識了有意投資高科技產業的紡織業者林培元。在人才方面，施敏請交大介紹一位有經驗的人，結果，找到當時已在高雄電子做事的邱再興。（註1）

經過一番深談，邱再興也很有意願，所以施敏就提了一個計畫書給林培元，公司登記資本額為新台幣五千萬元。

公司取名環宇電子，於 1969 年成立。這是我國第一家由國人投資的半導體公司，比起美國的英特爾（Intel）公司，只晚了一年。

親自去竹北買地建廠的施敏還記得，「那時候竹北的地很便宜，四百塊錢一坪」。環宇電子土地有五千四百坪。在施敏與邱再興的策劃下，廠房為三層，樓板面積為二千多坪（七千平方公尺），防震係數高達七級。此外，還興建了可住三、四百人的員工宿舍。

## 交大人才投入

施敏擔任顧問、邱再興提工程計畫書（engineering plan），環宇電子開始招兵買馬。施敏也安排了幾位交大碩士班畢業生，包括高敏文、李省吾等先後加入環宇電子。

施敏說，環宇電子成立之初，還特別與交通大學簽立合約，約定將每年營運獲利的百分之五，捐給交大。環宇電子的研展部也特別歡迎交大學生加入。

繼業企業董事長、鳳甲美術館創辦人暨董事長邱再興回想當年環宇電子剛剛成立，雖然登記資本額為新台幣五千萬元，但股東們真正入的資金只有四分之一。所以，環宇電子就靠著新台幣一千二百五十萬元開始營運。

當時，邱再興每天雖然忙錄，但忙得十分起勁。他說，環宇的團隊獲得國外客戶的信賴，很多公司甚至把生產設備運到台灣，借給環宇電子，省下環宇電子購買設備的資

金。

此外，每周末到交大擔任助教的邱再興，經常鼓勵交大人才應該投入台灣的電子產業。1971年，剛從交大電子研究所畢業的施振榮，加入環宇電子研展部，這是台灣當時第一家擁有研發部門的科技公司。

本來對於自己沒有出國，也沒有到荷商建元公司上班有些遺憾的施振榮，卻因為加入了環宇電子，培養了前瞻的眼光以及與全球同步的研發步伐。

在交大任教一年後回美國貝爾實驗室繼續研究工作的施敏，經常提供最新技術發展動態給環宇電子，這讓包括施振榮在內的年輕工程師們得以同步了解國外半導體技術的發展，一點也不輸給國外及在外商工作的人。對此，施振榮表示，「施敏回來搭了一座橋」。

包括施振榮在內的環宇電子研展部，開發出電子鐘、頻率計數器外，並於1972年開發出國人第一台桌上型電子計算器。這台桌上型電子計算器讓環宇電子聲名大噪，邱再興因此獲得優秀工程師的榮譽，而主要負責工程開發的，就是施振榮。（註2）

環宇電子的產品線，一開始做王安發明的磁圈記憶體（magnetic core memory），另外，也投入標準塑膠DIP（Plastic dual in-line package）及陶瓷 DIP 等兩種 IC 封裝技術，為我國半導體元件最早的封裝及測試生產線。幾年時間人員擴充，人數達 1,200 人，培養了近百位工程師及幾十位經理人才。

## 失之東隅　收之桑榆

環宇電子生產線的作業員月薪為六百到八百元。施振榮還記得，當年他加入環宇電子從事研究發展的工作月薪只有新台幣七千元，過了一年才調升到一萬元，相較於到外商公司任職的同學，大約只有三分之一。但施振榮常與年輕人分享，他認為當年加入環宇的他，可以不斷地吸收新知、探索研發，是在投資未來。（註 3）

當時人在美國的施敏，由於沒有直接參與營運，身為顧問的他，專注於提供最先進的技術資訊，這讓環宇電子當時在技術上絕不比美國差。

成立了四、五年後的環宇電子，接到許多國外客戶的訂單，業務正在蒸蒸發展，研發動能十足。但卻由於股東與經營團隊的意見不一致，最後以超過六倍的比例，於 1974 年，為加拿大 ITT（International Telephone and Telegraph Company）公司所併購。當年環宇電子的股東投

資新台幣一千二百五十萬元，幾年後以二百萬美元（約新台幣八千萬元）將公司賣給加拿大公司，算是肯定了這家公司的價值，但也因此讓環宇電子的中長程發展就此中斷，十分可惜。

當時，施敏已經為環宇電子訂購了電晶體（Transistor Product Line）及積體電路（Integrated Circuit, IC）的先進生產線設備，後來便轉賣給了中華電信的研究單位，中華電信研究所，即今日之中華電信研究院。

施敏常以環宇電子「失之東隅、收之桑榆」的故事來勉勵年輕人。雖然有時候事情的結果無法盡如人意，在某一方面可能是失敗了，但在另一方面可能會有更大的收穫。

回顧施敏籌畫推動成立的環宇電子公司，除了研製了我國第一台桌上型電子計算器、設立我國第一個半導體元件封裝及測試的代工產業、也規劃了我國第一個電晶體生產線。而最重要的貢獻是，為我國高科技產業培植了五十幾位企業管理人才，這應該是成立環宇電子最大的收穫。

（註1）
邱再興，台大電機系 1963 年畢業。交大電子研究所 1966 年畢業。加入環宇電子之前，任職於高雄電子。現任繼業企業董事長、鳳甲美術館創辦人暨董事長、財團法人邱再興文教基金會董事長。

（註2）
施振榮為宏碁集團（Acer Group）創辦人。當年施振榮離開環宇電子後，受邀加入新成立的榮泰電子，隨即開發出第一台掌上型電算器及全球第一支電子筆錶。

（註3）
2003 年 8 月號《遠見雜誌》第 206 期，「施振榮以一萬換百萬」，作者高聖凱。

# 一個重要的決策

金士頓科技公司（Kingston Technology）是全球最大的記憶體模組產品供應商，1987 年 10 月該公司成立之初，只生產 DRAM 記憶體模組。

2004 年，金士頓的創辦人孫大衛決定進入 NAND Flash 市場，原因是一位業務同仁百折不撓的力諫。

這個重要的決策，讓金士頓的營收大幅成長，產品線的應用範圍也更加廣泛。

## 經歷破產的創業家

人之能，不僅在學，且在悟。大難後能大悟，必有大成。全球最大的記憶體模組產品供應商金士頓（Kingston Technology）創辦人杜紀川（John Tu）與孫大衛（David Sun），曾經破產、負債，1987 年一場史上最可怕的黑色星期一股災，讓兩人經歷了人生最大的挫折。

也許是這樣大的挫折，讓兩個人十分重視一起打拼的員工與協力廠商。提到金士頓，兩位創辦人對員工出手大方的事蹟，總是為人津津樂道。包括 1996 年拿出一億美元給員工當獎金，以及一塊錢美金就把跑車賣給員工等，這讓杜紀川與孫大衛，成了許多人心中的「最佳雇主」。

孫大衛對向他道謝的員工說，「我把賺來的錢，拿出 15%，給你們四千多名員工分，但還有 85% 是我和杜紀川兩個人分，你說誰該謝誰呢」？孫大衛說，其實金士頓最珍貴的資產跟台積電是一樣的，都是人力資源。他強調，一群重理念、對公司有高度向心力的員工，是金士頓最大的資產。

## 一年時間　業績增 10 億

成立於 1987 年 10 月 17 日，金士頓從 DRAM 模組起

家，1995 年業績 10 億美元，直到 2004 年倍增為 20 億美元。

2005 年，金士頓的業績大幅成長至 30 億美元，比前一年增加了百分之五十，這背後隱藏著一個重要的決策，那就是金士頓從 DRAM 跨入了 NAND Flash 領域。

## 記憶卡取代底片

思考是否投入一項新的產品線，決策者有時經過深思熟慮，下定決心不做了；可偏偏在轉頭離去時，被某個聲音或念頭趨使，瞬間就做下了一百八十度的轉變。金士頓在 2004 年決定投入 NAND Flash 領域，過程就是這麼戲劇性。

孫大衛說，也許是數位相機在歐洲市場受歡迎的緣故，金士頓的歐洲業務團隊，幾乎從 2003 年起就天天對他喊著，「老闆，我們應該要做 SD 卡的生意」。（註 1）

熟悉 DRAM 模組生意的孫大衛原本不打算投入 NAND Flash 領域，最主要的原因是，他只看到了數位相機這項單一應用。孫大衛覺得 NAND Flash 做成的 SD 記憶卡就是數位底片，屬於消費性產品，將來會取代掉生產傳統底片的富士（Fuji）及柯達（Kodak）等公司，而他認為，那是東

芝（Toshiba）或日立（Hitachi）的生意。

所以，儘管金士頓與 Toshiba 及 Hitachi 關係很好，但他還是沒有在這兩家公司放下 DRAM 轉戰 Flash 的時候，跟隨他們的腳步。

## 對了？錯了？對了！！

對於一個決策者來說，能夠採納別人的意見，是很不容易的。但更不簡單的是，這位決策者能夠讓他的員工，敢一而再、再而三，永不放棄地舉手，向他做出提議。

孫大衛認為 SD 記憶卡將取代傳統的底片，他對員工說，在美國足球賽會場的熱氣球，很快就會看不到 Fuji 及 Kodak 的字樣了。這一點，他對了。

但是，孫大衛低估了 NAND Flash 的應用領域可以多麼寬廣。那時他認為，NAND Flash 只能做成 SD 記憶卡，用在數位相機當底片，他認為如果向 Toshiba 購買 NAND Flash，如果哪天 Toshiba 自己也做 SD 記憶卡，那金士頓怎麼能與之競爭呢？所以，他決定不做這個生意。

NAND Flash 除了數位相機之外，很快就廣泛應用到各種電子產品上。金士頓切入 NAND Flash 領域後，終端應用除了數位相機外，還延伸到桌上型電腦、筆記型電腦、伺

服器、印表機、手機，及數位音訊播放器（Digital Audio Player）亦即 MP3 Player 等產品。

施敏發明的「浮閘記憶體」具備輕巧省電的優點，很快就被蘋果公司（Apple）看上。原本採用硬碟做為記憶體的 iPod classic 很快就被取代。iPod Nano 改採快閃記憶體作為儲存裝置，接著，iPod shuffle 在 2005 年 1 月面市，重量 22 公克。第三代的 iPod shuffle 甚至只有 10.7 公克，充分展現「浮閘記憶體」小巧省電的特色。

## 關鍵的轉折點

金士頓決定從原來的 DRAM 進入 NAND Flash 領域，決策轉折點是什麼？孫大衛說，「全都是我們一位歐洲的業務同仁。當時他幾乎天天提，我還破口大罵呢」！

一位金士頓的歐洲業務同仁，從 2003 年起就跟孫大衛提議應該進入 SD 卡的生意。儘管孫大衛多次拒絕，他仍然百折不撓，次數多到讓孫大衛都感到不耐煩。

有一天，金士頓舉行為期兩天的全球會議，會議中，這位同仁又重提此事。孫大衛馬上為大家說明了他的考量及決定，幾乎所有人都被說服了。但兩天後，大會結束前的最後問答時間，連開兩天會已感覺疲累的孫大衛，又看

到一個人舉起手來。仔細一看，又是他！

　　這位同仁對孫大衛說，「老闆，針對那個 SD 卡，你要不要再想一下？」這一問，可完全把孫大衛的火氣都激了起來。體力到了極限的孫大衛忍不住開罵，「你為什麼就不聽我的話呢？你就好好去賣 DRAM 模組嘛！如果我們現在去賣 SD 卡，那一年後你肯定要跟我道歉的」。

　　沒想到，老闆都這樣生氣了，這位同仁竟然還頂嘴，回了一句，「I don't think so」。

　　孫大衛帶著怒意坐下來，繼而冷靜想了一下，不免暗自佩服起他這位員工的勇氣。他想，「看他這個態度，我不做都不好意思了」。所以，在為大會做結論時，孫大衛宣布金士頓開始做 SD 卡的生意，正式進入 NAND Flash 的世界。他還特別對這位同仁說，「為了你，我明天就飛去日本跟 Toshiba 要卡，一年以後，包準你來跟我道歉」。

## Toshiba 力挺

　　原本就與金士頓有好交情的 Toshiba，對於金士頓終於決定要進入 NAND Flash 應用產品的領域，自然是非常歡迎。

　　飛到日本的孫大衛，並不知道這時候是缺貨的市況，

Toshiba 硬是把應該出給別人的貨，交給了孫大衛，這讓金士頓第一個月就開始獲利。在別人缺貨的時候，金士頓卻幾乎一整年都擁有充足的貨源。孫大衛從此有了信心，無懼地展開 NAND Flash 產品線的全球布局。

一年之後，這位同仁不但不必向孫大衛道歉，而且金士頓的業績還大幅成長了百分之五十。（註2）

## 獨特的競爭力

母親，是影響孫大衛最大的人。擔任英文老師的她，每天從學校下課後，還要到補習班兼課，才能獨力撫養三個小孩長大。母親從小教育孫大衛兩件事，第一是要言之有物，不要做花花公子和草包，其次是不能小氣，要大方待人。

2008 年初全球金融風暴，金士頓主動關心協力廠商，他們發信通知一百多家廠商，將付款條件縮短為一天，支持大家共度難關。這個舉動對資金吃緊的廠商而言，無異於久旱逢甘霖。

孫大衛說，公司這麼做是應該的，這並不是在做一件施惠於人的事。他的觀念是，協力廠商是在幫金士頓的，沒有了協力廠商，金士頓還能怎麼成長呢？所以，當然要

盡量對協力廠商好才對。

　　視員工與供應商如同一個大家庭，金士頓的員工極力愛護公司，幫助老闆做對的決策；而協力廠商也能夠幫金士頓在別人缺貨的時候，能夠什麼都不缺。


（註1）
SD 卡，全名「安全數位記憶卡」（Secure Digital Memory Card），儲存媒介就是 NAND Flash 記憶體。2010 年，SD 卡全球市場佔有率超過 90%，廣泛應用於數位相機及數位錄影機攜帶型電子產品。


（註2）
金士頓科技（Kingston Technology）里程碑：

1987 年　10 月 17 日，由杜紀川與孫大衛創立。
1992 年　獲評為美國成長最快的私人公司之首。
1995 年　營業額（Sales Revenue）突破 13 億美元，隔年發員工獎金
　　　　　1 億美元
2004 年　營業額突破 20 億美元，並將快閃記憶體保固期限延長為終
　　　　　身保固。
2005 年　營業額突破 30 億美元，大幅成長 50%。
2007 年　營業額突破 45 億美元。
2010 年　營業額突破 65 億美元。

# 人才、夥伴、
# 群聯傳奇

　　「浮閘記憶體」是所有嶄新的或可攜帶式電子產品的核心元件。用「浮閘記憶體」研製新產品最成功的公司是蘋果公司。此公司不斷推出新產品，包括 iPod Mini, iPhone, iPad 等，其銷售額已名列全球之冠，2012 年營收達 410 億美元。

　　在台灣用「浮閘記憶體」也發展出很多產品。其中一個非常成功的案例就是群聯電子公司。該公司 2000 年底成立，設計出各種 NAND Flash Memory 應用的微控制器（Microcontroller），2012 年營收達新台幣 330 億元。

## 找到定位、快速成長

1993 年，群聯電子（Phison Electronics）董事長潘健成從馬來西亞到台灣，就讀交通大學控制工程學系，首次接觸到記憶體微控制器（Memory-based Microcontroller）的研究。2000 年，潘健成與四名好友創業。五個年輕人，成了同甘共苦的親密夥伴。

從 USB 讀卡機，到應客戶要求，投入 USB 隨身碟微控制器的開發。群聯電子於 2001 年 5 月，推出全球第一支 USB 快閃記憶體隨身碟，取名 Pen Drive，引起國際矚目，一炮而紅。

2001 年，群聯開發出全球第一支 USB 隨身碟，取名 Pen Drive。（16MB 及 32MB）。

2009 年八八水災，群聯特別設計捐助一萬支 8GB 隨身碟義賣，為台灣加油！

群聯從此找到定位。他們一方面做記憶體微控制器，
另方面也將之與 NAND 快閃記憶體（NAND Flash Memory）
整合成系統產品，提供 NAND Flash Memory 的各種系統整
合與應用，從此業績快速成長。

## 廣納人才、投資研發

創業初期，設於工研院育成中心的群聯，員工不過 12
人。2008 年元月，群聯在苗栗縣竹南廣源科技園區買地自
建大樓，員工增至 400 名。

2008 年受金融海嘯影響，群聯首度虧損。10 月，潘
健成宣布「二次創業」，他呼籲員工拿出憂患意識，以及
當初創業的精神，短短五個月，群聯業績大為好轉。

2012 年 1 月 12 日，斥資新台幣 4.3 億元，群聯二廠
開幕啟用。站在新廠房前，潘健成宣布投入技術發展的決
心，強調群聯電子將在快閃記憶體產業中，提供最好、最
領先，而且價格最公道的產品。這時，群聯員工人數 560
人，其中 290 名為工程人員。

## 持續創新的路

記憶體微控制器（Memory-based Microcontroller）簡

群聯電子二廠啟用，董事長潘健成（左三）、總經理歐陽志光（左四）、副總經理鄺宗宏（右二）、東芝董事中井弘人（右三）、廣源科技園區謝廣源董事長（左二）及潤弘精密董事長賴士勳（左一），一起慶賀。
（來源：產業人物 Wa-People 李慧臻 攝）

稱控制 IC，單價不高，重要性卻很高，可說是管理各種 NAND Flash 系統應用效率的幕後英雄。

　　群聯電子 2001 年 5 月發表全球第一支 USB 快閃記憶體隨身碟並命名為 Pen Drive，裡面有群聯開發的控制 IC，搭配 NAND Flash Memory，一開始容量是 16MB 與 32MB。6 月，在台北國際電腦展（Computex）上初試啼聲，所有的參展品甚至樣品，都被搶購一空。很快地，德國的客

戶訂了 2 千支 128MB USB 隨身碟，每支 150 美元，成了
2001 年群聯年度獲利的關鍵。

## 重要的管家

Flash Memory 的各種應用，都需要控制 IC 才能啟動，
在最熱門的超薄型筆記型電腦（Ultrabook）上，固態硬碟
（SSD）搭配每一款新型機種推出之前，都需要換新的控
制 IC 與之搭配做管理。

攤開筆記型電腦的原物料總成本（BOM），控制 IC 可
能只有 1% 到 3%，但卻像是一個重要的管家，責任非常重
大。

## 投資，有了回報

2011 年，群聯電子獲利率大幅進步，原因是技術開
發的長期投資，展現了成果。

2009 年 5 月，群聯宣布與海力士 (Hynix) 和恆憶
(Numonyx) 簽約，合作開發 eMMC4.4 技術，共同投入新一
代管理 NAND Flash Memory 的解決方案，針對包括智慧型
手機在內的嵌入式應用，緊密合作。（註）

群聯也在先進製程上持續投資。由於控制 IC 單價不

高，幾乎沒有人願意投資昂貴的光罩費用及追求更先進的微縮技術。但群聯總經理歐陽志光向潘健成強調，Flash Memory 的製程越精密，就越需要靠控制 IC 幫忙。唯有往先進製程邁進，才能避免控制 IC 越來越大、越耗電。

## 微利管理

2001 年到 2012 年，短短 12 年間，Flash 記憶卡與 USB 隨身碟的售價，跌了超過一千倍。潘健成常說，科技造福人類，但也嚴格考驗行業裡的公司，微利管理的能力。

為了追求成本效益，NAND Flash Memory 的製程不斷微縮。群聯電子剛成立時所使用的 Flash Memory，製程是 0.16 至 0.13 微米（等於 160~130 奈米），2008 年 Toshiba 的製程推進到 43 奈米，2011 年已經進步開始切入 19 奈米，2012 年更把大部分生產線都推進到 19 奈米。

三星（Samsung）也加快了製程微縮腳步。過去三星在晶圓廠裡，都由 DRAM 來領導新製程，但從 2005 年之後改變策略，已改用 Flash Memory 來領導製程。

## 盟友與策略夥伴

盟友與策略夥伴，是群聯身處微利管理行業最大的優

勢。2002 年 4 月，群聯獲 Toshiba 及以色列 M-Systems 投資。從此，群聯在隨身碟的專利保護上吃了定心丸，開發腳步更為積極。

2002 年 6~7 月間，法律訴訟造成營運資金窘迫，給群聯帶來第一個困境。該危機解除靠的是 Toshiba 於 2003 年 6 月增加持股至 19%。2006 年 5 月，群聯參與 Intel, Micron, Sony, Hynix 與 STMicroelectronics，共同成立的「開放式 NAND 快閃記憶體介面」（簡稱 ONFI）工作小組，群聯為其中唯一的控制 IC 廠商。

2008 年 3 月起，金士頓（Kingston）及海力士（Hynix）先後投資群聯，成為重要的策略夥伴。

潘健成記得，與 Kingston 密切合作始於 2004 年。他非常欽佩且欣賞 Kingston 善待供應商及客戶的那種講求合理的做事方法。2008 年底金融海嘯期間，群聯發揮同舟共濟精神，預先支付協力廠商貨款，讓很多廠商跟群聯建立起更堅固的革命情感。

## Toshiba 的祝福

群聯二廠開幕的這天，東芝（Toshiba）派出近藤仁史及中井弘人等多位重要主管親自到賀。受邀上台發表賀詞

的中井弘人，從 2012 年初接替近藤仁史，成為群聯的東芝法人代表。

中井弘人表示，「我們雙方有很深的合作關係。Toshiba 提供群聯 NAND Flash Memory，加上群聯傑出優秀的工程團隊，開發出非常具有競爭力的產品，包括 USB 3.0 還有前瞻的 SSD 等應用，尤其看好的是台灣在超薄型筆電的發展潛力」。

東芝與群聯，已經不只是商業關係，中井弘人還特別強調，「我們雙方已經發展出很深厚的個人情誼（Person to Person Relationship），東芝支持群聯創立公司至今，無論景氣起伏，這樣的夥伴關係恆久不變。」

## 榮譽與社會公益

2002 年 12 月，群聯從工研院育成中心光榮畢業，捐贈 5 萬美元回饋工研院，在新創事業中，實屬罕見。

不到半年就走出金融風暴，群聯 2008 年不但維持獲利，2009 年更有樂觀的成長。可是台灣卻在 2009 年 8 月，因颱風引發五十年來最嚴重的「八八水災」，影響了很多人的生活。

群聯很快地設計出一款台灣造型、容量 8GB 的隨身

碟，提供一萬支請慈濟、交通大學校友會及成功大學協助
義賣，為災區籌募到一千萬元的善款。

## SSD 的機會

展望未來，潘健成認為，Flash Memory 未來的機會在
於固態硬碟（SSD）。雖然控制 IC 的單價不高，但對於超
薄型筆電或企業用戶而言，每換一個型號，所搭配的控制
IC 都必須重新設計。

2012 年群聯營收新台幣 330 億元，每股盈餘 15 元，
創歷史新高紀錄。潘健成說，他希望群聯能做到垂直整合，
提供客戶完整的多樣化服務，而且，要能夠比別人更了解
市場。

群聯在智慧型手機、超薄型筆電、USB 3.0 等新應用
都有相當好的成績。探究其快速成長的原因，重視人才與
夥伴、持續投資技術研發，應該是最重要的關鍵。

（註）
eMMC（Embedded MultiMediaCard）為嵌入式多媒體卡。由 MMC 協會
（MultiMediaCard Association）訂立的嵌入式記憶體標準規格，主要應
用包括智慧型手機、平板電腦、筆記型電腦等行動裝置產品。

# 施敏年表

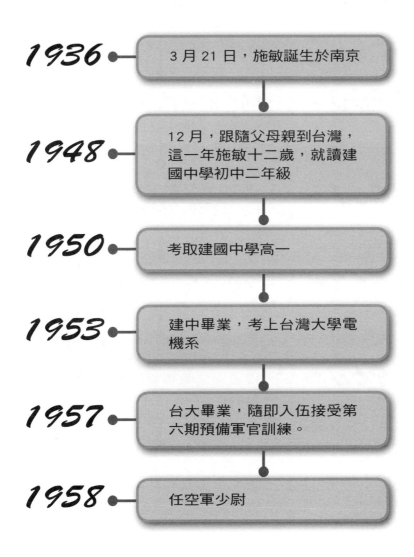

**1936** 3 月 21 日，施敏誕生於南京

**1948** 12 月，跟隨父母親到台灣，這一年施敏十二歲，就讀建國中學初中二年級

**1950** 考取建國中學高一

**1953** 建中畢業，考上台灣大學電機系

**1957** 台大畢業，隨即入伍接受第六期預備軍官訓練。

**1958** 任空軍少尉

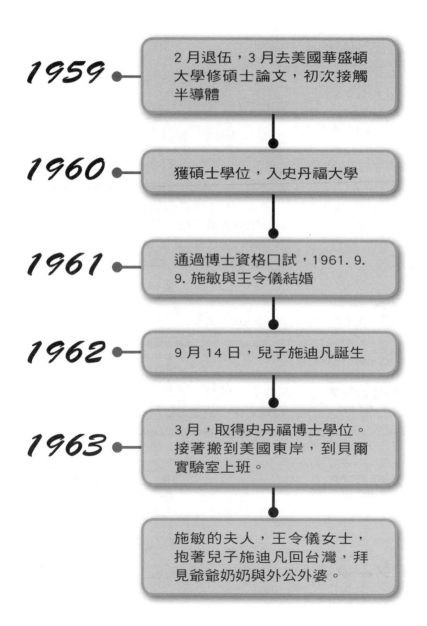

**1959** — 2 月退伍，3 月去美國華盛頓大學修碩士論文，初次接觸半導體

**1960** — 獲碩士學位，入史丹福大學

**1961** — 通過博士資格口試，1961. 9. 9. 施敏與王令儀結婚

**1962** — 9 月 14 日，兒子施迪凡誕生

**1963** — 3 月，取得史丹福博士學位。接著搬到美國東岸，到貝爾實驗室上班。

施敏的夫人，王令儀女士，抱著兒子施迪凡回台灣，拜見爺爺奶奶與外公外婆。

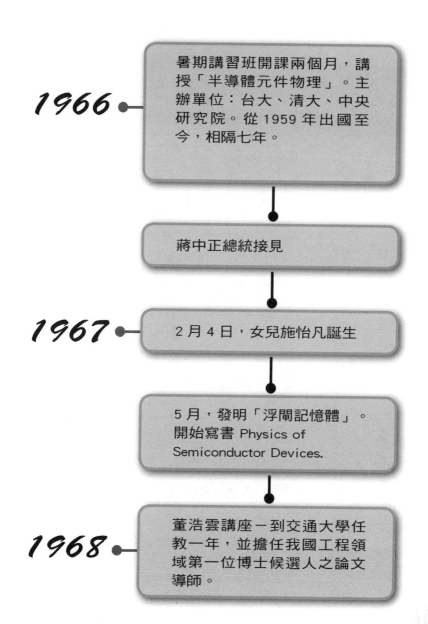

**1966**
暑期講習班開課兩個月，講授「半導體元件物理」。主辦單位：台大、清大、中央研究院。從 1959 年出國至今，相隔七年。

蔣中正總統接見

**1967**
2 月 4 日，女兒施怡凡誕生

5 月，發明「浮閘記憶體」。開始寫書 Physics of Semiconductor Devices.

**1968**
董浩雲講座一到交通大學任教一年，並擔任我國工程領域第一位博士候選人之論文導師。

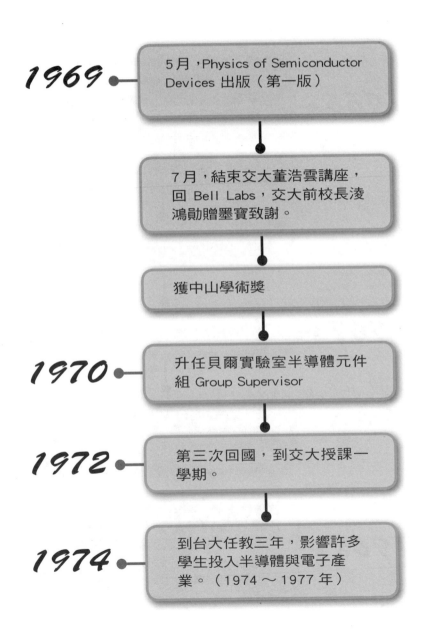

*1969* ── 5月，Physics of Semiconductor Devices 出版（第一版）

7月，結束交大董浩雲講座，回 Bell Labs，交大前校長淩鴻勛贈墨寶致謝。

獲中山學術獎

*1970* ── 升任貝爾實驗室半導體元件組 Group Supervisor

*1972* ── 第三次回國，到交大授課一學期。

*1974* ── 到台大任教三年，影響許多學生投入半導體與電子產業。（1974～1977 年）

**1974**
9 月 1 日，工研院電子所成立。孫運璿時任經濟部長，聘任施敏擔任「電子工業諮詢小組委員」。

**1976**
經濟部特別成立「發展積體電路計畫工作小組」，由七人組成。孫運璿時任經濟部長，聘任施敏擔任「經濟部發展積體電路計畫工作小組委員」。

**1977**
當選為 IEEE Fellow

**1980**
擔任 Solid State Electronics 之出版編輯（1980 ～ 1984 年）

**1981**
Physics of Semiconductor Devices 出版（第二版）

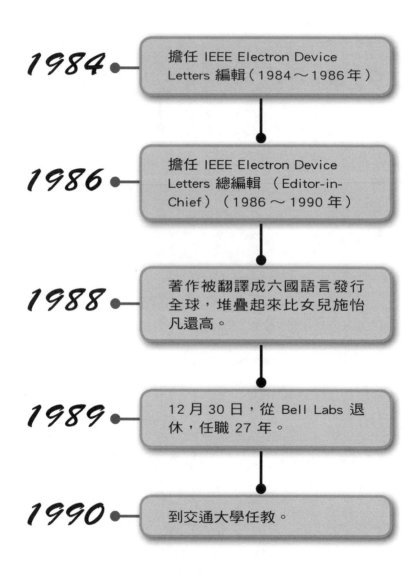

*1984* 擔任 IEEE Electron Device Letters 編輯（1984～1986 年）

*1986* 擔任 IEEE Electron Device Letters 總編輯 （Editor-in-Chief）（1986 ～ 1990 年）

*1988* 著作被翻譯成六國語言發行全球，堆疊起來比女兒施怡凡還高。

*1989* 12 月 30 日，從 Bell Labs 退休，任職 27 年。

*1990* 到交通大學任教。

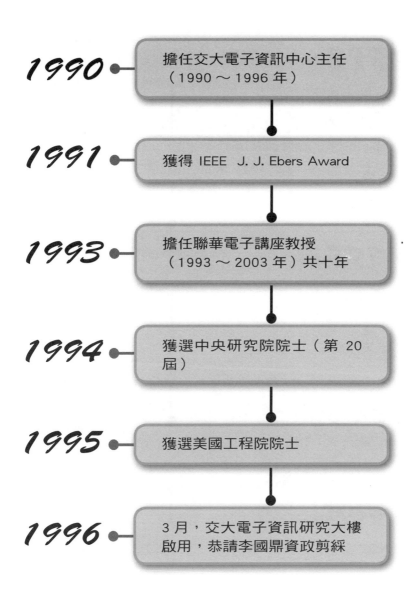

**1990** ● 擔任交大電子資訊中心主任
（1990～1996年）

**1991** ● 獲得 IEEE J. J. Ebers Award

**1993** ● 擔任聯華電子講座教授
（1993～2003年）共十年

**1994** ● 獲選中央研究院院士（第20
屆）

**1995** ● 獲選美國工程院院士

**1996** ● 3月，交大電子資訊研究大樓
啟用，恭請李國鼎資政剪綵

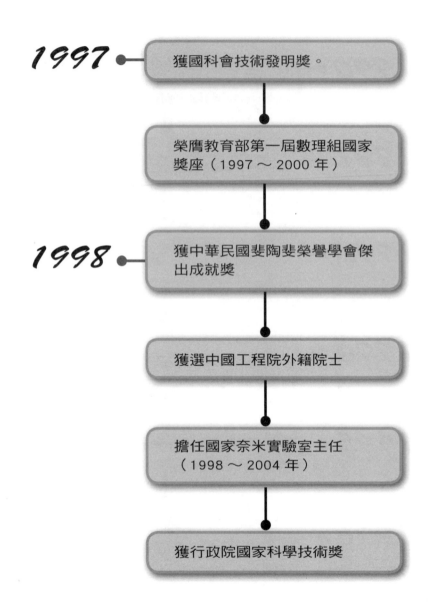

**1997** 獲國科會技術發明獎。

榮膺教育部第一屆數理組國家獎座（1997～2000 年）

**1998** 獲中華民國斐陶斐榮譽學會傑出成就獎

獲選中國工程院外籍院士

擔任國家奈米實驗室主任（1998～2004 年）

獲行政院國家科學技術獎

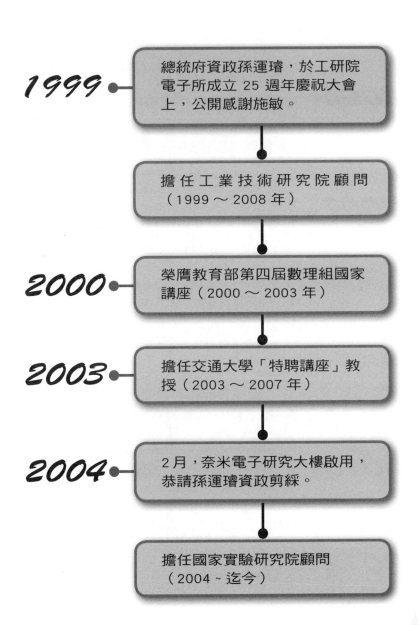

1999　總統府資政孫運璿，於工研院電子所成立 25 週年慶祝大會上，公開感謝施敏。

擔任工業技術研究院顧問（1999 ～ 2008 年）

2000　榮膺教育部第四屆數理組國家講座（2000 ～ 2003 年）

2003　擔任交通大學「特聘講座」教授（2003 ～ 2007 年）

2004　2 月，奈米電子研究大樓啟用，恭請孫運璿資政剪綵。

擔任國家實驗研究院顧問（2004 ~ 迄今）

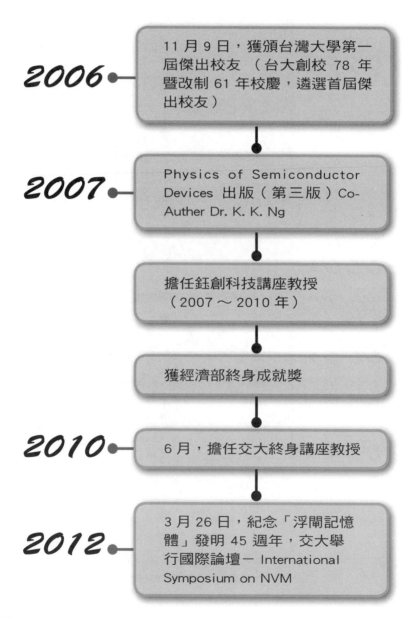

**2006** 11 月 9 日，獲頒台灣大學第一屆傑出校友（台大創校 78 年暨改制 61 年校慶，遴選首屆傑出校友）

**2007** Physics of Semiconductor Devices 出版（第三版）Co-Auther Dr. K. K. Ng

擔任鈺創科技講座教授（2007 ～ 2010 年）

獲經濟部終身成就獎

**2010** 6 月，擔任交大終身講座教授

**2012** 3 月 26 日，紀念「浮閘記憶體」發明 45 週年，交大舉行國際論壇－ International Symposium on NVM

# 電子與資訊產業大事記

**1906**

三極真空管 － 為 Illinois Institute of Technology 的 Lee De Forest 所發明。
三極真空管開啟了「電子時代」（Electronics Age）

**1947**

雙極電晶體 － 為貝爾實驗室的 John Bardeen, Walter Brattain 以及 William Shockley 三人所發明。
雙極電晶體開啟了「新電子時代」（Modern Electronics Age）

**1959**

積體電路（Integrated Circuit, 簡稱 IC）－ 德州儀器公司的 Jack Kilby 發明高台型積體電路（Mesa IC）及快捷半導體公司（Fairchild Semiconductor Corp.）的 Robert Noyce 發明了單晶 IC（Monolithic IC）。
積體電路大幅降低了電晶體製造成本，也大幅提升了電路之性能、速度及可靠性。

**1960**

台灣有電視了。

金氧半場效電晶體（MOSFET）－ 為貝爾實驗室姜大元（D. Kahng）及 M. M. Atalla 所發明。
此種電晶體逐漸取代了 1947 年發明之雙極電晶體。

1963

CMOS（Complementary Metal-Oxide-Semiconductor Technology）— 為快捷半導體公司之薩支唐及 F. M. Wanlass 所發明。
CMOS 是積體電路製程最重要之技術。

1967

5 月，「浮閘記憶體」（Nonvolatile Semiconductor Memory）— 為貝爾實驗室的施敏與姜大元所發明。
「浮閘記憶體」開啟了「數位時代」（Digital Age）。

7 月，One-Transistor DRAM — 為 IBM 之 R. Dennard 所發明。DRAM 為一最重要之短期儲存記憶電路。

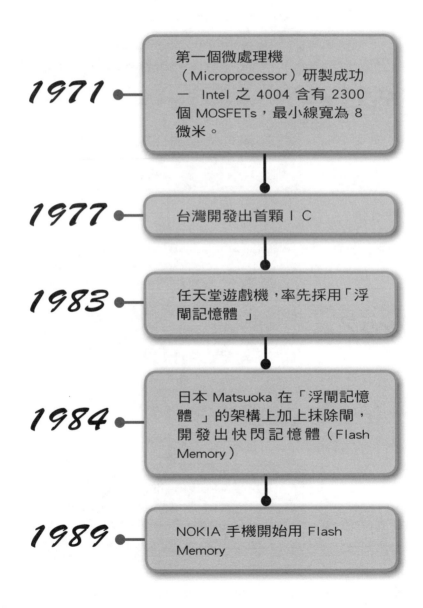

**1971**　第一個微處理機（Microprocessor）研製成功 — Intel 之 4004 含有 2300 個 MOSFETs，最小線寬為 8 微米。

**1977**　台灣開發出首顆 I C

**1983**　任天堂遊戲機，率先採用「浮閘記憶體」

**1984**　日本 Matsuoka 在「浮閘記憶體」的架構上加上抹除閘，開發出快閃記憶體（Flash Memory）

**1989**　NOKIA 手機開始用 Flash Memory

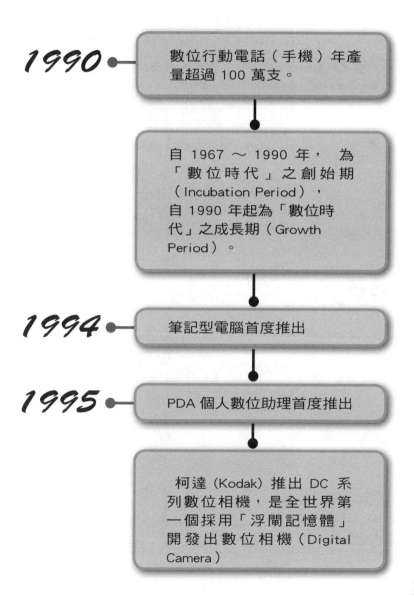

**1990** 數位行動電話（手機）年產量超過 100 萬支。

自 1967 ～ 1990 年， 為「數位時代」之創始期（Incubation Period），自 1990 年起為「數位時代」之成長期（Growth Period）。

**1994** 筆記型電腦首度推出

**1995** PDA 個人數位助理首度推出

柯達（Kodak）推出 DC 系列數位相機，是全世界第一個採用「浮閘記憶體」開發出數位相機（Digital Camera）

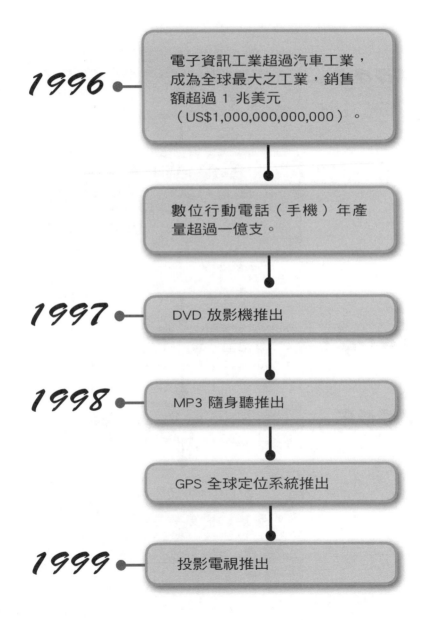

*1996*
電子資訊工業超過汽車工業，
成為全球最大之工業，銷售
額超過 1 兆美元
（US$1,000,000,000,000）。

數位行動電話（手機）年產
量超過一億支。

*1997*　DVD 放影機推出

*1998*　MP3 隨身聽推出

GPS 全球定位系統推出

*1999*　投影電視推出

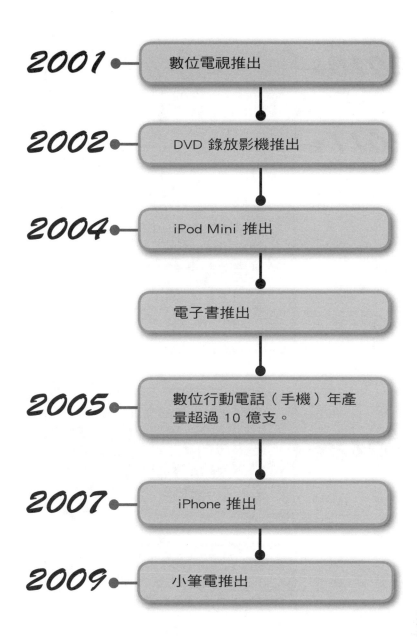

| 2001 | 數位電視推出 |
| 2002 | DVD 錄放影機推出 |
| 2004 | iPod Mini 推出 |
| | 電子書推出 |
| 2005 | 數位行動電話（手機）年產量超過 10 億支。 |
| 2007 | iPhone 推出 |
| 2009 | 小筆電推出 |

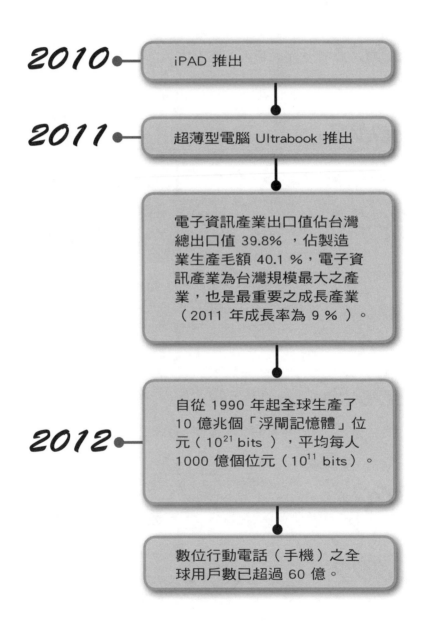

**2010** — iPAD 推出

**2011** — 超薄型電腦 Ultrabook 推出

電子資訊產業出口值佔台灣總出口值 39.8% ，佔製造業生產毛額 40.1 %，電子資訊產業為台灣規模最大之產業，也是最重要之成長產業（ 2011 年成長率為 9 % ）。

**2012** — 自從 1990 年起全球生產了 10 億兆個「浮閘記憶體」位元（ $10^{21}$ bits ），平均每人 1000 億個位元（ $10^{11}$ bits ）。

數位行動電話（手機）之全球用戶數已超過 60 億。

## 國家圖書館出版品預行編目資料

施敏與數位時代的故事／王麗娟著. -- 初版.
-- 新竹市：宏津數位科技，2013. 06
296 面；14.8×21 公分 . -- ( 產業人物；A001 )
ISBN 978-986-89590-0-2 ( 平裝 )

1.施敏 2.半導體 3.臺灣傳記

783.3886                               102010086

# 宏津數位 典藏津津有味的產業故事

## Wa-People 產業人物 數位內容中心

■科技產業「人」與「事」
■值得關注的、值得鼓掌的、值得感謝的……

### 宏津數位 專業團隊 Since 2008

◆產業故事採訪 ◆產業文稿撰述
◆產業人物攝影 ◆產業專書出版

團體訂購：企業機關、學校團體訂購，享優惠

讀者服務：電話 03-575-2220
            Service @wa-people.com
網     址：http://www.wa-people.com

# 施敏與數位時代的故事

他的著作，培育了「半導體人才」
他的發明，開創了「數位時代」

作　　者：王麗娟
顧　　問：盧志遠、陳健邦
編　　輯：李慧臻、洪瑞英、梁孟君、陳秋瑜
美術編輯：陳芸芙、陳漢恩
責任編輯：產業人物 Wa-People 編輯部

出版公司：宏津數位科技有限公司
　　　　　新竹市 300 東光路 42 巷 22 號 2 樓
法律顧問：兆里國際專利商標事務所 林正杰律師
郵政劃撥
戶　　名：宏津數位科技有限公司
帳　　號：50258600
讀者服務：TEL：03-5752220
　　　　　FAX：03-5752790
　　　　　Service @wa-people.com
印　　製：驊佑科技有限公司
總 經 銷：紅螞蟻圖書有限公司
地　　址：台北市 114 內湖區舊宗路 2 段 121 巷 19 號
電　　話：02-27953656　　傳真：02-27954100
初版一刷：2013 年 6 月
定　　價：300 元

ISBN ：978-986-89590-0-2 （平裝）
書　　號：A001

宏津數位 Wa-People 產業人物　http://www.wa-people.com/